동학 농민군 대장 전봉준

글 **강무홍** | 그림 **김종범**
감수 **김양식**

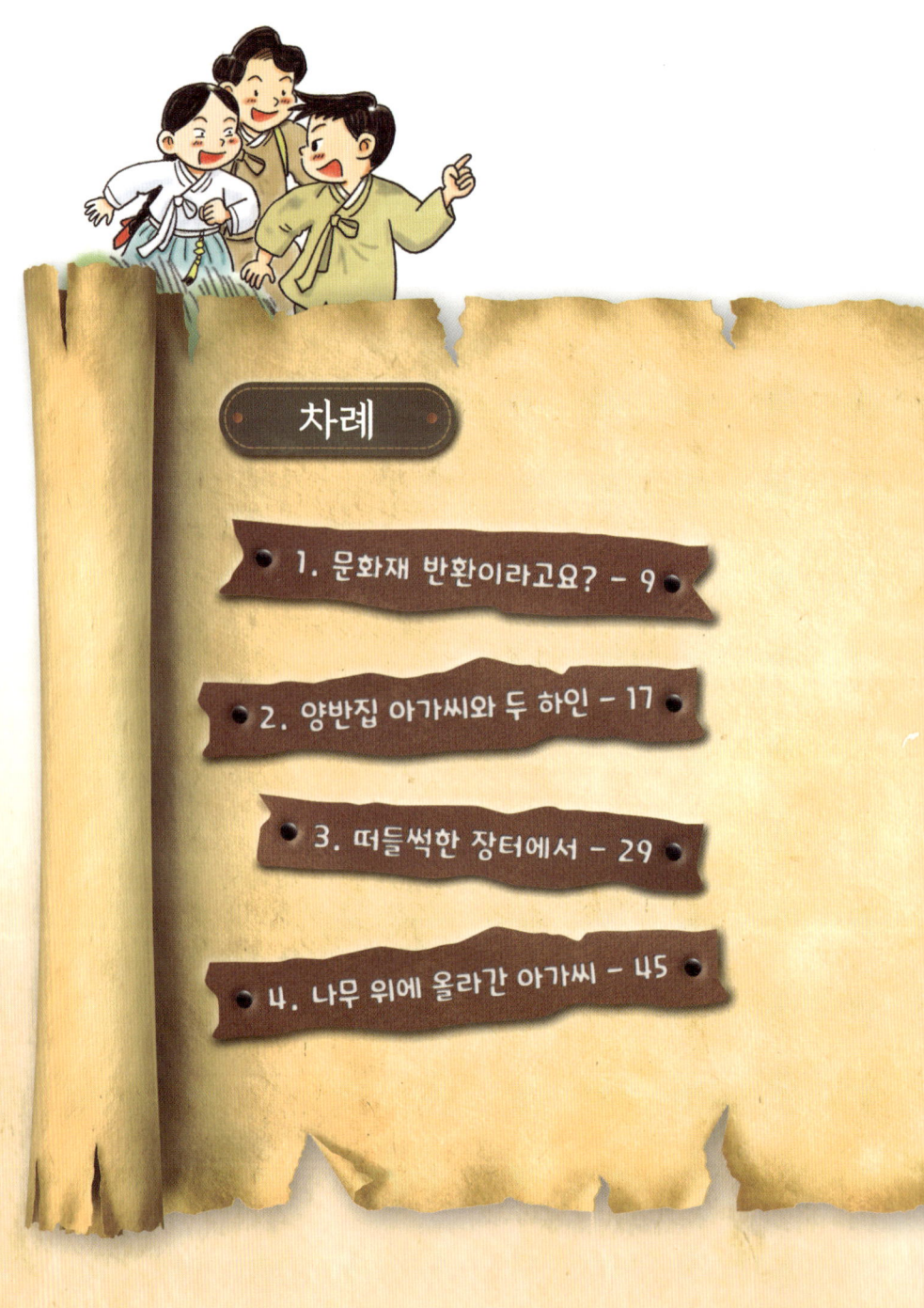

차례

1. 문화재 반환이라고요? - 9

2. 양반집 아가씨와 두 하인 - 17

3. 떠들썩한 장터에서 - 29

4. 나무 위에 올라간 아가씨 - 45

동학 농민군 대장 전봉준

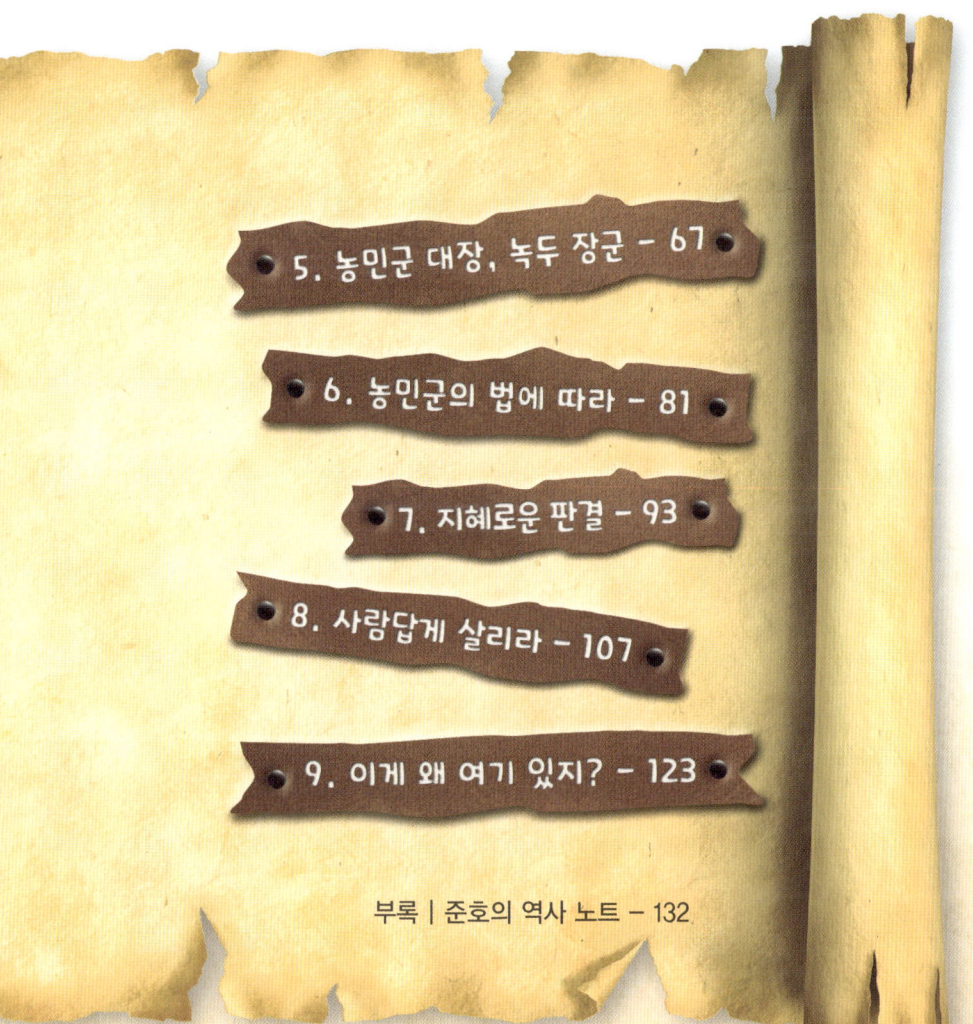

- 5. 농민군 대장, 녹두 장군 – 67
- 6. 농민군의 법에 따라 – 81
- 7. 지혜로운 판결 – 93
- 8. 사람답게 살리라 – 107
- 9. 이게 왜 여기 있지? – 123

부록 | 준호의 역사 노트 – 132

마법의 두루마리를 펼치기 전에

 역사학자 아빠를 따라 경주로 이사를 간 준호와 민호는 새집 지하실에서 마법의 두루마리를 발견하고 석기 시대, 삼국 시대, 조선 시대 등을 다녀온다. 이웃에 사는 수진도 준호와 민호의 비밀을 눈치채고 모험에 함께한다.
 아이들은 과거에서 두루마리의 비밀을 하나둘씩 알게 되고, 역사학자 할아버지를 만나 옷을 갈아입는 법도 배운다. 한창 전쟁 중인 황산벌에서는 말을 타고 달리기도 한다. 하지만 할아버지는 함께 집으로 돌아가자는 아이들의 말에 두루마리를 펼치고 홀연히 사라져 버린다.

1. 문화재 반환이라고요?

따르릉! 전화벨 소리에 아이들이 고개를 번쩍 쳐들었다.
"전화 왔다!"
토요일 아침부터 역사 공부를 한다며 민호네 집에 와 있던 수진이 소리쳤다.
민호가 재빨리 전화기를 집어 들었다.
"여보세요?"
하지만 민호는 더 이상 아무 말도 하지 않고 눈만 되록되록 굴렸다. 수화기에서 알아들을 수 없는 외국어가 쏟아졌다.
민호는 서재에 있는 아빠에게 소리쳤다.

"아빠, 외국 사람이에요! 빨리요, 빨리!"

그러고는 전화기에 대고 "헬로! 잠깐, 잠깐만요!" 하고 말했다.

서재에서 느긋하게 차를 마시던 아빠는 민호의 다급한 목소리에 허둥지둥 뛰쳐나와 전화기를 받아 들었다.

"헬로? 디스 이즈 닥터 강……."

아빠가 영어로 말하자 전화기에서 뭐라 뭐라 이야기하는 소리가 흘러나왔다. 아빠는 유심히 듣더니, 곧 "아!" 하고 눈이 휘둥그레졌다.

아이들은 호기심에 가득 찬 얼굴로 아빠를 쳐다보았다.

아빠는 당황한 듯 연신 우물쭈물하더니, 이내 전화를 끊었다. 그러고는 "후유……." 하고 한숨을 내쉬었다.

"누구예요?"

아이들이 입을 모아 물었다.

"또 할아버지 찾는 전화예요?"

민호의 질문에 아빠가 고개를 끄덕였다.

"그래, 미국 뉴욕의 메트로폴리탄 미술관에 계시는 스미스 박사님인데, 스승님을 찾는구나. 문화재 반환에 관한 일이라는데, 꼭 스승님하고만 이야기를 해야 한다니, 큰일이다."

"'반한'이라고요? 그게 뭔데요?"

수진이 묻자 아빠가 후후 웃었다.

"'반한'이 아니고, '반환'이야. 우리나라 문화재를 돌려준다는 거지."

그러고는 다시 한숨을 푹 쉬었다.

아빠 말로는 그동안 할아버지가 다른 학자들과 함께 세계 여러 박물관과 미술관 사람들에게 우리나라 문화재를 반환해 달라고 줄기차게 요구해 왔다고 한다.

그 가운데서도 메트로폴리탄 미술관에는 1950년 한국 전쟁 때 미군이 몰래 가져간 문화재를 비롯하여 우리 문화재들이 많이 소장되어 있었다. 하지만 메트로폴리탄 미술관에서는 소장품들이 모두 정상적으로 구입된 것이라고

우기며 계속 우리 측의 반환 요구를 거부했다. 그러다 이번에 그중 몇 점을 돌려주려 한다며, 할아버지와 이야기를 나누고 싶어 한다는 것이었다.

아이들은 그제야 아빠가 왜 한숨을 쉬고 심각한 표정을 지었는지 이해했다.

"잠시 일이 있어서 해외에 나가 계신다고 둘러대긴 했는데, 큰일이구나. 언제까지 스승님을 기다리고만 있어야 할지……."

아빠는 또다시 깊은 한숨을 내쉬며 자리에서 일어났다. 그러고는 어깨가 축 처진 채 서재로 돌아갔다.

아이들도 걱정스러운 표정으로 둘러앉았다.

"어떡해! 우리 문화재를 돌려받아야 하는데!"

수진이 안타까워하자 민호가 목소리를 낮추고 속삭이듯 말했다.

"당연히 돌려받아야지!"

하지만 무슨 수로?

준호가 돌아보자 민호가 나지막이 소리쳤다.

"당장 과거로 가야지! 할아버지를 찾으러!"

수진이 눈을 반짝이며 '그래!' 하고 고개를 끄덕였다.

"할아버지가 편지를 남기랬잖아. 과거에 도착한 곳에!"

민호의 말에 준호도 말없이 눈빛을 주고받았다.

다음 순간 아이들은 한꺼번에 자리에서 일어나 도둑고양이처럼 살금살금 거실을 빠져나갔다. 아빠가 전혀 눈치채지 못하게.

2. 양반집 아가씨와 두 하인

초여름 햇볕이 어찌나 뜨거운지, 아이들의 이마에 땀이 송송 맺혔다. 아이들이 과거 속으로 떨어진 곳은 시끌벅적한 시골 장터였다.

아이들은 나무 그늘 밑에서 여름날의 눈부신 빛에 눈이 익기를 기다리며 사방에서 들려오는 왁자지껄한 소리에 귀를 곤두세웠다. 저만치에서 머리에 흰 수건을 쓰고 흰옷을 입은 아저씨들이 대나무 소쿠리며 광주리, 바구니 따위를 쌓아 놓고 파는 모습이 보였다. 그 주변에는 한여름인데도 비지땀을 흘리며 커다란 무쇠 판에 전을 굽거나 가마솥에 국밥을 끓여서 파는 아주머니들이 있었다.

"자, 엿 사시오, 엿! 맛있는 엿이오!"

복잡하고 소란스러운 장터에 엿판을 멘 엿장수까지 떠들어 대니 그야말로 북새통이었다.

"맛있겠다!"

민호가 침을 꿀꺽 삼키며 엿장수를 바라보았다.

장터라 보는 눈이 많았지만, 다행히 사람들은 자기 일에 바빠서 낯선 꼬마들에게 거의 신경을 쓰지 않았다.

장터 주위의 비탈진 곳에는 깃발이 꽂혀 있었다. 그리고 머리에 흰 띠를 두른 사람들이 깃발을 따라 죽창을 들고 서 있었다.

저 사람들은 누구일까? 여기는 어느 시대일까?

수진과 민호가 장터에 한눈을 파는 사이, 준호는 나무 부근에 떨어져 있던 두루마리와 모래시계를 찾았다. 민호에게 모래시계를 건네고 서둘러 두루마리를 펼치자, 두루마리 왼쪽 지도에 지금의 한반도와 거의 비슷한 국경선이 그려져 있었다. 그리고 지도 아래 전라도쯤으로 보이

는 곳에는 점이 하나 찍혀 있었다. 오른쪽 지도의 서쪽에는 성곽과 건물 따위가 있고 동쪽으로는 넓은 들판과 비탈진 구릉이 있었는데, 특이하게도 구릉 위에 큰 나무 한 그루가 뚜렷하게 그려져 있었다.

준호는 문득 지도를 보다 말고, 자신들 옆에 있는 나무를 올려다보았다. 혹시 지도에 있는 나무가 이 나무일까?

"조선 시대 어디쯤인 것 같은데……."

준호는 혼잣말로 중얼거리며 주변을 둘러보았다.

수진과 민호는 장터에 온통 정신이 팔린 채 곳곳에서 풍기는 음식 냄새에 코를 킁킁거리고 있었다.

꽤괘괘괘 괭개갱, 괘괘괘괘 괭개갱!

그때 요란한 꽹과리 소리가 시끌벅적한 장터 한복판에서 들려왔다. 수진이 더는 못 참겠다는 듯 소리쳤다.

"빨리 옷 갈아입고, 저기 가 보자!"

"그래!"

민호와 수진의 성화에 준호는 얼른 배낭에 두루마리를 챙겨 넣었다. 아이들은 옷을 갈아입을 곳을 찾아 외진 곳으로 자리를 옮겼다. 인적이 드물고 산사나무 몇 그루가 울타리처럼 서 있어, 옷을 갈아입기에 안성맞춤이었다.

아이들이 나무 밑으로 다가가는데 뜻밖의 소리가 발목을 잡았다.

"한 방에 해치워야 하네!"

산사나무 너머로 섬뜩한 소리가 들려왔다.

"걱정 마시오. 단숨에 숨통을 끊어 놓을 테니!"

아이들은 움찔 멈추어 서서 손으로 입을 막고 숨을 죽였다. 산사나무 가지 사이로 머리에 패랭이를 쓰고 등짐을 진 남자 서너 명이 둘러서서 수상하게 수군대고 있었다.

숨통을 끊어 놓는다니, 누구를?

"쉿! 사방에 농민군이 깔려 있어. 고부 봉기* 때 장터를 지키러 나왔던 놈들 수백 명이 시퍼렇게 눈을 뜨고 있네. 조심하게!"

큰소리쳤던 사내가 소리를 낮추고 말했다.

"걱정 마시오. 미리 활 쏠 곳도 봐 두었소."

수상한 사내들은 그런 이야기를 주고받고는 곧 자리를 떴다. 몇몇은 장터 쪽으로, 나머지는 장터 변두리 쪽으로.

아이들은 나무 뒤에서 숨을 죽인 채 사라져 가는 그들의

---

* 봉기

벌떼처럼 무리 지어 세차게 일어난다는 뜻으로, 백성들이 양반이나 관리들의 횡포에 맞서 싸우는 것을 말한다. 지배층을 중심으로 역사를 보던 때에는 왕과 조정에 맞서 반란을 일으켰다는 뜻으로 '민란', '난'이라고 일컬었으나, 국민이 나라의 주인이라는 민주주의 관점에서 보기 시작하면서 '봉기'라고 부르게 되었다.

뒷모습을 지켜보았다.

저들은 누구일까? 혹시 암살 계획이라도 세우는 걸까? 그렇다면 누군가 위험하다는 얘기였다.

아이들은 당장 뒤를 쫓아가 보고 싶었다. 하지만 이런 차림새로 움직였다가는 사람들 눈에 금방 띌 터였다.

"수상해. 어서 옷 갈아입고, 장터로 가 보자!"

수진이 재빨리 두루마리에 팻말을 갖다 대자, 아이들은 다 같이 입을 모아 주문을 외웠다.

준호와 민호의 옷은 하인들이나 입을 법한 누더기 삼베 옷이었다. 그런데 수진은 양반집 아가씨처럼 고운 모시옷*을 입고 있었다. 어여쁜 꽃신을 신고 황금빛 비단 노리

▲ 물들인 모시

* 모시옷
모시풀에서 실을 뽑아 짠 모시 천으로 지은 옷. 올이 가늘고 빛깔이 희며 통풍이 잘된다. 모시는 삼베보다 훨씬 비싸고 귀하여, 모시로 지은 옷은 주로 지체 높은 양반들이 입었다. 모시풀은 습기가 많고 따뜻한 곳에서 잘 자라는데, 우리나라에서는 충청도와 전라도 지역에서만 재배된다. 충청남도 한산의 세모시가 특히 유명하다.

개까지 달고 있었다!

수진은 좋아서 입이 찢어질 것 같았다.

"어머나, 예뻐라! 나, 양반집 아가씨인가 봐! 호호호!"

민호는 어쩐지 두루마리한테 배신당한 기분이 들었다. 다행히 옷에서 쉰내는 나지 않았지만, 누더기 옷이 웬 말인가? 더구나 수진에게는 멋진 모시옷을 입혀 놓고!

"쳇! 셋이 다니면, 우리가 수진이 하인인 줄 알겠네!"

민호가 투덜대자 수진이 한술 더 떴다.

"물론이지! 이제부터 나한테 '수진아' 그러면 안 돼. 너는 내 하인이니까! '아가씨!' 하고 불러야 돼. 알았지?"

민호가 펄쩍 뛰었다.

"뭐? 너를 아가씨라고 부르느니, 차라리 입을 꽉 다물고 벙어리 흉내를 내는 게 낫겠어!"

수진은 기분이 좋은 나머지 민호의 얘기 따윈 신경도 쓰지 않았다. 오히려 몸을 살짝 꼬며 준호에게 "오빠도! 응?" 하고 말했다.

준호는 너덜너덜한 소매를 걷으며 싱긋 웃었다.

"네, 아가씨!"

"오호호호호!"

수진이 요상한 웃음을 터뜨렸다.

민호는 아니꼬워서 눈 뜨고 봐 줄 수가 없었다.

"두루마리가 이렇게 옷을 바꾼 데는 무슨 뜻이 있을 거야. 지난번에 신라와 백제가 삼국 통일 전쟁을 벌이던 때로 갔을 때도 비단옷이 나중에는 도움이 되었잖아."

준호는 민호를 다독이고는 서둘러 덧붙였다.

"자, 어서 장터로 가 보자!"

아이들은 왔던 길을 되짚어 장터 안쪽으로 들어갔다.

장터는 여전히 물건을 사고팔거나 음식을 사 먹는 사람, 장을 보는 사람들로 왁자지껄했다. 그 활기찬 풍경을 맞닥뜨린 순간, 수진과 민호는 방금 수상한 사나이들을 본 것도 까맣게 잊고 마음이 들뜨기 시작했다.

"저 닭, 볏 좀 봐!"

민호가 기차 화통을 삶아 먹은 듯한 소리로 외쳤다. 장터 한쪽의 대나무로 만든 장태(닭장) 안에서 머리에 큼직한 붉은 볏이 달린 수탉이 지그시 주위를 노려보고 있었다.

수진도 질세라 큰 소리로 외쳤다.

"우와, 진짜! 닭 볏이 꼭 왕관 같다!"

사내들의 행방을 찾아 주위를 두리번거리던 준호는 순간 가슴이 뜨끔했다. 옷이 바뀌었다고는 해도 이곳은 조선 시대의 장터였다. 어디에 무슨 위험이 도사리고 있을지 알 수 없었다. 하지만 흥분한 민호와 수진의 소리는 점점 커지고 그만큼 행동도 대담해졌다.

3. 떠들썩한 장터에서

꼬꼬댁! 꼬, 꼬, 꼬, 꼬…… 꼬꼬댁!

북적거리는 장터 한쪽의 대나무 장태 안에서 왕관처럼 으리으리한 붉은 볏을 단 수탉과 살이 토실토실 오른 암탉 서너 마리가 모여 부산하게 오가는 사람들의 다리를 빤히 쳐다보고 있었다. 그 노란 눈과 마주친 순간, 수탉도 민호도 화들짝 놀랐다.

"어!"

민호는 눈이 동그래져서 장태 쪽으로 후닥닥 뛰어갔다.

준호가 가까스로 민호의 옷자락을 붙들었다.

"할아버지한테 쪽지부터 남기자!"

수진이 "아, 참!" 하고 손뼉을 쳤다.

준호는 재빨리 수첩을 꺼내 할아버지에게 쪽지를 썼다. 그러고는 쭉 찢어서 주위를 둘러보며 물었다.

"어디다 두지?"

수진이 옷소매를 걷어붙이며 가까이에 있던 나무를 가리켰다.

"저 가지 위에 꽂아 두는 게 어떨까?"

"딴 사람이 빼 가면 어떡해?"

준호가 걱정스레 쳐다보자 민호가 대꾸했다.

"그럼 나무 꼭대기에 꽂아 두자. 아무도 못 보게!"

수진이 고개를 저었다.

"그러다 할아버지가 쪽지를 못 찾으면?"

준호도 같은 생각이었다.

"그래. 할아버지가 꼭대기까지 어떻게 올라가?"

민호가 걱정 말라는 듯 큰소리쳤다.

"괜찮아. 할아버지한테는 만능 지팡이가 있잖아!"

그제야 수진과 준호도 크게 고개를 끄덕였다.

"내가 꽂아 놓을게. 내가 나무 좀 타잖아!"

수진이 말했지만, 그럴 수는 없었다. 주변에 오가는 사람들이 자꾸만 아이들을 힐끗거렸다. 양반집 아가씨가 행색이 허름한 하인들과 허물없이 이야기를 나누는 모습이 이상했던 것일까? 어떤 사람은 걸음을 멈추고 수진을 빤히 쳐다보기도 했다.

준호가 민호의 옆구리를 쿡 찌르고는 수진에게 말했다.

"아씨, 저쪽으로 가요."

뭐, 아씨?

민호는 속으로 '아, 씨!' 하고 투덜대며 수진과 준호의 뒤를 쫓아갔다.

준호와 민호와 수진은 곧 동네 아이들이 바글바글 모여 있는 곳에서 걸음을 멈추었다. 아이들 너머로 떡메를 치는 아저씨와 부지런히 떡을 썰어 콩고물을 묻히는 아주머니들이 보였다.

"서두르게, 태인댁. 대장님 오실 때 다 됐네."

떡을 썰던 아주머니가 소리치자, 콩고물을 묻히던 아주머니가 소맷부리로 비지땀을 닦으며 대꾸했다.

"아이고, 형님, 걱정 마시우. 아무려면 우리 대장님 굶길까 봐서요. 이젠 대장님 입만 오시면 됩니다아!"

그러고는 손가락을 빨며 군침을 흘리는 아이들에게 작은 인절미 몇 개를 집어 주었다.

"아이고, 귀신같이 냄새 맡고들 왔구먼. 옛다! 대장님이 먹는 거나, 우리 아기들이 먹는 거나 매한가지지, 뭐!"

아이들은 눈 깜짝할 사이에 인절미를 먹어 치웠다.

"아따, 그 녀석들 뱃속에 거지가 들어앉았나! 여차하면 태인댁 손가락까지 먹어 치우겠구먼."

떡메를 치던 아저씨가 볕과 바람에 그을린 얼굴로 소리치자, 다들 하하하하 웃음을 터뜨렸다.

하지만 거기서 얼마 떨어지지 않은 곳에 둘러서 있는 아저씨들의 분위기는 사뭇 달랐다. 마을에 안 좋은 일이라도 있었던 걸까? 지게에 낫이며 호미, 장작과 숯, 짐승 가죽 따위를 지고 와서 팔던 아저씨들이 근심스러운 얼굴로 두런두런 이야기를 나누고 있었다.

"아, 글쎄, 관군의 총에 맞아 죽었다면서?"

"농민군이 시신을 수습해서 묻어 주었다더군. 언년네가 딱하게 되었지 뭔가."

"쯧쯧쯧, 말도 말게! 평생 종살이하면서 온갖 수모를 당하고도 잘도 참던 언년네가, 아들이 죽었단 소리에 닭똥 같은 눈물을 뚝뚝 흘렸다더라고."

모두 침울한 얼굴로 혀를 끌끌 차며 한숨을 쉬었다.

"그예 몸져누웠다더군. 산 사람은 살아야 할 텐데……. 부안댁이 들여다보고는 있는데, 겨우 물이나 삼킬 뿐, 정신이 들면 하염없이 운다고 하지 뭔가."

숯장수 아저씨가 한숨을 토해 내자 칡넝쿨을 지고 온 아저씨가 멍하니 허공을 쳐다보았다.

"죽은 놈만 불쌍하지. 산 사람은 어떻게든 살지 않겠나.

평생 종놈이라고 때리면 맞고, 죽으라면 죽는 시늉까지 하면서 천대받던 것 다 잊고, 부디 저세상에서는 배곯지 말고 편히 살게, 갑돌이…….”

아저씨는 목이 메어 말을 잇지 못했다.

누군가 분위기를 돌리려고 갖바치(가죽신 만드는 사람)네 딸이 물 떠 놓고 혼례를 올린 이야기며 어느 집 소가 오밤중에 새끼를 낳았다는 이야기를 꺼내자, 아저씨들은 힘없이 웃었다. 그러다 농민군이 관군을 무찌른 이야기, 농민군 대장이 바람을 타고 구름을 부린다는 이야기가 나오자 그제야 “아, 그렇다더군! 나도 들었다니까.”, “몸집은 작아도 천하장사라더군.” 하고 쑥덕거렸다.

민호와 수진은 귀가 솔깃했다. 바람을 타고 구름을 부린다고? 누가?

“형, 여기도 전쟁이 있었나 봐. 임진왜란인가?”

민호의 말에 준호가 고개를 저었다. 누군가 ‘관군’의 총에 맞아 죽었다거나 농민군이 관군을 무찔렀다는 이야기로 보아 임진왜란 같지는 않았다. 관군은 조선의 정규군이니까. 준호는 민호와 수진을 데리고 그곳을 빠져나왔다. 그리고 멀리 커다란 나무가 보이는 곳으로 나아갔다.

오일장* 한가운데 구경꾼들이 와글와글 모여 있는 줄타기 놀이판을 지나자 아낙네들이 곡식이며 깨, 채소 따위를 담은 광주리를 바닥에 늘어놓고 파는 곳이 나왔다.

"콩 사세요, 콩!"

젊은 아주머니가 됫박에 콩을 퍼 담으며 지나가는 사람들을 향해 소리쳤다.

아이들은 걸음을 멈추고 돌아보았다. 아주머니는 등에 아기를 업고 있었다. 아기가 커다란 눈을 끔뻑이며 아이들을 말똥말똥 쳐다보았다.

---

* 오일장

5일마다 열리는 시장. 상인들이 등짐이나 봇짐을 지고 무리를 지어 지역마다 돌아다니며 장을 열었다. 오일장에서는 옷감, 곡식, 채소, 그릇, 종이, 땔감 등 여러 가지 물건을 사고팔았고 세상 소식을 주고받거나 씨름이나 남사당패의 공연을 보기도 했다. 농업이 발달하여 물자가 풍부했던 조선 후기에는 전국에서 1,000여 개의 장이 열렸다.

"어머나, 귀여워라!"

수진이 다가가자 아기가 옹알이를 하며 방실방실 웃었다. 민호와 준호도 어느새 다가가 "까꿍, 까꿍!" 하고 얼러 주며 아기를 들여다보았다.

"아이고, 아가씨, 그러다 옷 버리면 어쩌시려고요!"

아주머니가 말렸지만, 수진은 걱정 말라면서 모시옷 소매로 아기의 침을 닦아 주었다. 아기가 아흐 하고 조그마한 손으로 땀에 젖은 수진의 얼굴을 만졌다. 수진은 간지러워서 까르르 웃음을 터뜨렸다.

그때 지게에 커다란 섬*을 진 아저씨가 아주머니네 콩자루 앞에 멈추어 섰다.

"음, 콩이 좀 작긴 하지만, 제법 잘 여물었구먼."

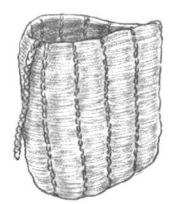

* 섬
곡식을 담는 자루. 짚을 거적처럼 짜서 반으로 접어 양 옆을 꿰맨 것이다. 조선 시대에는 섬 하나에 열 말(한 말은 열 되)의 곡식이 들어갔다. 가마니는 근대에 일본에서 들어온 것으로, 섬의 절반 크기이다.

아저씨가 콩을 한 줌 집어 보더니, 지게를 옆에 내려놓았다. 그리고 지게에 있는 섬을 가리키며 말했다.

"이 콩하고, 소금하고 바꿉시다. 한 되에 얼마요?"

아주머니가 아기를 들쳐 업으며 대답했다.

"한 되에 네 푼인데, 소금은 얼마나 하는데요?"

소금 장수가 소금 섬을 툭 쳤다.

"한 됫박에 열 푼. 오늘 새벽에 지고 온 햇소금이외다."

"열 푼이나?"

아주머니가 놀라자 소금 장수가 핀잔을 주었다.

"아, 열 푼이면 거저지, 거저! 이 아주머니가 세상 물정 모르는구먼. 지금 소금이 얼마나 귀한 줄이나 아쇼? 없어서 못 팔아요!"

그리고는 다짜고짜 소금 한 됫박을 퍼서 내밀었다.

"옜소! 콩 두 되 주고, 나머지 두 푼은 돈으로 주쇼."

"돈은 없어요."

아주머니가 난처한 얼굴로 말하자 소금 장수가 턱으로

콩 자루를 가리켰다.

"그럼 콩으로 주쇼. 석 되 주면 되겠네."

아주머니는 아기를 업은 채 손가락을 꼽아 보더니, 고개를 갸웃거렸다.

"콩 세 되면 열두 푼인데, 그럼 소금 한 되 값이 넘잖아요. 소금 한 되에 열 푼이라면서요?"

소금 장수는 소금 됫박을 섬에 도로 내려놓았다.

"아, 돈이 없다면서? 그럼 콩을 더 줘야 할 거 아뇨. 석 되 주쇼, 어서!"

옆에서 듣고 있던 준호가 곰곰이 생각하더니 소금 장수에게 말했다.

"아주머니가 돈이 없으니까, 아저씨가 대신 돈을 주면 되잖아요. 콩 석 되를 살 거면, 아주머니한테 소금 한 되와 두 푼을 주면 되죠."

준호의 말에 소금 장수가 웬 놈이냐는 듯이 쳐다보았다.

"아, 나도 돈이 없어!"

그리고는 언짢은 얼굴로 준호와 아이들을 훑어보았다.

소금 장수가 눈 하나 깜짝하지 않자 준호는 새로운 방법을 내놓았다.

"아주머니, 아저씨한테 콩 두 되 반을 주세요. 그러면 딱 열 푼이니까, 소금 한 되 값이랑 같아요."

수진은 감탄해서 눈이 휘둥그레졌다.

"우와, 오빠 똑똑하다!"

민호는 뭐가 뭔지 어리둥절했지만, 준호 말이 맞는 것 같았다.

"형 말이 맞아요! 아줌마, 우리 형 말대로 해요!"

민호까지 큰 소리로 떠들어 대자 소금 장수는 떨떠름한 얼굴로 소금 됫박을 집었다. 그러고는 마지못해 소금을 건넸다.

소금 장수가 툴툴대며 아이들에게 성질을 부리려는데 웬 아저씨가 성큼성큼 다가왔다. 아까부터 아이들과 소금 장수를 지켜보던 아저씨는 낡았지만 깨끗한 삼베옷을 입고 있었다.

아는 사람인지 아주머니가 아저씨에게 깍듯이 절을 했다. 아저씨도 아주머니에게 공손히 절을 하고는 온화한 목소리로 준호에게 말을 건넸다.

"어린 나이인데 셈을 참 잘하는구나."

준호는 얼굴이 발개졌다. 민호와 수진은 마치 자신들이 칭찬을 받은 것처럼 어깨가 으쓱했다.

"어디 사는 누구냐?"

아저씨가 묻자 준호 대신 수진이 나섰다.

"우리는 옆 동네 사는데요, 장터에 구경 왔어요."

"으음, 그럼 이 마을 지리를 잘 모르겠구나."

아저씨는 잠시 망설이는가 싶더니, 준호에게 조심스레 말했다.

"얘야, 미안하지만, 내 심부름 좀 해 주련? 이평 마을에 가서 뭘 좀 알아 와야 하는데, 아저씨가 보기엔 네가 아주 잘할 것 같구나. 우리 아들하고 같이 좀 다녀오너라."

자기한테 부탁한 것도 아닌데 민호가 나서서 말했다.

"갔다 와, 형! 우린 장터에서 놀고 있을게."

준호는 선뜻 대답하지 못하고 망설였다. 아저씨는 준호가 주인 아가씨, 그러니까 수진의 눈치를 보는 줄 알고 언짢은 표정을 지었다.

"어험, 험!"

아저씨의 헛기침 소리에 수진이 생긋 웃었다.

"그래, 다녀오너라."

그러고는 눈짓으로 장터에 우뚝 서 있는 커다란 감나무를 가리켰다. '쪽지는 내가 저 나무에 꽂아 둘게.' 하듯이.

준호는 이마의 땀을 닦으며 마지못해 "네, 아씨……." 하고 대답했다.

아저씨가 "덕아!" 하고 나무 밑에서 동네 형들과 함께 놀고 있던 아이를 불렀다. 곧 민호 또래의 사내아이가 노루처럼 깡충깡충 뛰어왔다.

"우리 덕이랑 같이 이평 마을에 가서 이덕구 할아버지가 김 진사한테 빚을 얼마나, 어떻게 졌는지 좀 알아 오너라. 오늘 재판에 쓸 증거이니, 정확히 알아 와야 한다."

그러고는 그 애한테 준호랑 같이 이평 마을에 갔다가 일이 끝나면 장터에 있는 감나무 밑으로 오라고 일렀다.

준호는 내키지 않는 걸음으로 아이를 따라나섰다.

4. 나무 위에 올라간 아가씨

장터의 감나무 밑에는 벌써 많은 사람들이 모여 있었다. 나무 그늘 밑에서 음식을 차리던 사람들이 아저씨를 보더니 "여어, 바우 왔구먼!" 하고 반갑게 맞아 주었다.

그늘 밑 멍석에 막걸리와 김치가 먹음직스레 놓여 있었다. 마을 아주머니들이 대장님께 드린다며 작은 채반에 떡과 전 따위를 수북수북 담았다.

흥분한 동네 아이들이 음식 소쿠리 부근에서 강아지처럼 코를 킁킁대자, 아저씨들이 "워이!" 하고 쫓아냈다.

"곧 대장님 오신다, 이놈들아! 조금만 참아!"

바우 아저씨를 쫓아온 민호와 수진도 들뜬 분위기에 휩

쓸려 동네 아이들과 함께 사람들 사이를 기웃거렸다.

"우리 고을에서 인물 났네, 인물 났어! 안 그런가?"

"암, 고을의 자랑이지. 자랑이고말고!"

아저씨들의 얼굴에 뿌듯한 웃음이 그득했다.

"봉준이가 키는 좀 작아도 원체 딱 부러졌지. 작다고 우습게 봤다가는 큰코다친다니까! 아, 작은 고추가 맵다고 하지 않나?"

"이 사람 좀 보게? 봉준이가 뭔가, 대장님한테!"

누군가 타박을 주자 아저씨들은 "아이쿠, 그러게!" 하면서도 하하하하 기분 좋게 웃었다.

'대장님이 누구지? 아까부터 온통 대장님 얘기네.'

민호가 고개를 갸웃거렸다. 하지만 주변에서 풍기는 고소한 콩고물 냄새 때문에 더 이상 생각을 할 수가 없었다. 배에서 먼저 알아채고 꼬르륵꼬르륵 아우성을 쳤다.

"넌 여기서 떡 얻어먹고 있어. 나는 얼른 나무에 올라가서 쪽지 꽂아 놓고 올게!"

수진이 나지막이 말하고는 조용히 감나무 뒤쪽으로 돌아갔다. 감나무 뒤에는 빈 소쿠리와 광주리들만 널브러져 있었다. 사람들은 대부분 감나무 앞쪽에 모여 앉아 마을 어귀를 내다보며 이제나저제나 대장님이 오실 때를 기다리고 있었다.

　수진은 사람들의 눈을 피해 조심스레 나무를 붙잡고 올라갔다. 하지만 땀이 많이 난 데다 꽃신이 미끄러워서 제대로 나무를 탈 수가 없었다.

　수진은 이마의 땀을 훔치고는 '에라, 모르겠다!' 하고 꽃

* **판소리**
많은 사람이 모인 자리(판)에서 소리로 벌이는 우리나라 고유의 공연 예술이다. 보통 소리꾼이 몸짓을 섞어 가며 소리를 하면 고수가 북을 치며 장단을 맞춘다. 구경꾼들도 '얼쑤', '좋다' 등 추임새를 넣으며 함께 어우러진다. 양반들의 횡포와 신분 차별이 심했던 조선 후기에 판소리는 백성들의 비판 정신과 저항 의식을 표현하는 수단이 되었다. 조선 후기에 전라도를 중심으로 널리 불렸으며, 경상도에서는 판소리 대신 탈춤으로 양반들의 횡포를 고발하고 비판했다.

신과 버선을 훌렁 벗어 던졌다. 그러자 미끄러지지 않고 나무옹이를 척척 디딜 수 있었다.

 수진은 치렁치렁한 긴 치마를 말아 쥐고, 나무 타기의 고수답게 단숨에 높은 곳까지 올라갔다. 나무 위는 시장 바닥과 달리 시원했다.

 '어디에 꽂을까?'

 그 사이 나무 밑에서는 소리꾼 할아버지가 목청을 돋우어 구성지게 판소리*를 시작했다.

 "아, 조병갑*이 그 천하에 몹쓸 인간이 쓸데없이 만석보를 짓고 물세를 내라고 했을 때!"

---

* **조병갑**
조선 고종 때의 고부 군수로, 동학 농민 혁명의 도화선이 된 탐관오리. 흉년에 갖가지 구실로 농민들에게 세금을 거두고 누명을 씌워 재물을 빼앗는가 하면, 자기 아버지의 공덕비를 세운다고 백성들에게 돈을 걷기도 했다. 특히 농민들을 강제로 동원해 필요도 없는 보(만석보)를 새로 쌓게 하고 물에 세금까지 매겨 가로챘다. 농민들이 물세를 줄여 달라고 고부 관아로 찾아갔지만 번번이 매만 맞고 쫓겨났다. 견디다 못한 농민들은 전봉준을 지도자로 세우고 고부 관아를 습격했고(고부 봉기), 이 일을 시작으로 곳곳에서 농민들이 탐관오리에 맞서 싸우게 되었다.

여기저기서 분노의 목소리가 터져 나왔다.

"저런 나쁜 놈!"

"쳐 죽일 놈!"

소리꾼 할아버지가 부채로 수진이 올라가 있는 감나무를 딱 가리켰다.

"전 대장이 통문*을 돌려 말목 장터*에서 일어난 뒤, 백산에서 사람들을 모아 놓고 쩌렁쩌렁 외치기를 '도탄에 빠진 백성을 구하고 위기에 처한 나라를 살리고자 의로운 깃발을 드노라!' 하니, 우리 농민군이 구름처럼 들고일어났

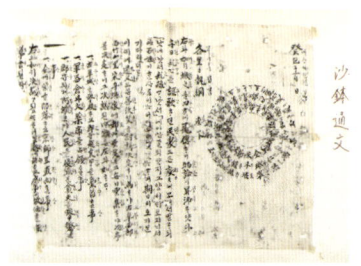

▲1893년 전봉준이 돌린 사발통문. 주모자가 드러나지 않도록 뜻을 함께 하는 사람들의 이름을 사발 모양으로 둥글게 돌려 썼다.

* **통문**

많은 사람들에게 뜻을 전하기 위해 써서 돌리는 글. 통신 수단이 발달하지 않았던 조선 시대에 의견을 모으는 방법이었으며, 조선 후기의 농민 봉기와 동학 농민 혁명 때도 많이 쓰였다. 마을에서 신뢰받는 사람이 앞장서서 통문을 쓰면, 그 밑에 이름을 적어 뜻을 함께한다는 것을 나타냈다. 손으로 여러 장 베껴 써서 각 마을 책임자들에게 보내면, 그 책임자가 다시 마을 사람들에게 알렸다.

것다!"

　흥에 겨운 사람들 사이에서 "얼쑤!" 하며 뜨거운 박수와 환호성이 터져 나왔다.

　"잘한다! 전 대장 만세!"

　"농민군 만세!"

　사람들의 환호성이 잦아들자, 소리꾼 할아버지가 부채로 손바닥을 탁 치고는 팔을 앞으로 내밀어 사방의 사람들을 쭈욱 가리켰다.

　소리꾼 할아버지가 소리를 이어 갔다.

　"그리하야 종놈이고 양반이고 모두가 사람대접 받는 세

---

* **말목 장터**
1894년, 전라도 고부 농민들이 조병갑의 횡포에 맞서 봉기를 일으킨 곳. 전라북도 정읍과 부안과 태인으로 가는 길이 만나는 삼거리 한가운데 있어, 물건을 사고팔려는 여러 지방 사람들이 모여들었다. 특히 고부 일대는 기름진 곡창 지대로 쌀, 콩, 면 등 생산물이 풍부해서 장터에 많은 사람들이 모였다. 장터는 예부터 서로 소식을 주고받고 뜻을 모으기에 유리하여, 일본의 강제 지배에 저항하는 삼일 만세 운동도 천안 아우내 장터, 울진 매화 장터, 하동 화개 장터 등 전국 곳곳의 장터에서 시작되었다.

상을 만들려고 한양으로 쳐들어가는데, 아, 황토현*에서 관군이 딱 막아섰네! 허나 농민군이 누구여? 꾀를 내어 번개같이 공격하니, 관군이 혼비백산 몽땅 우루루루루루 삼십육계 줄행랑을 놓았것다"

민호는 어느새 소리꾼 할아버지의 이야기에 푹 빠져 사람들과 함께 "만세!" 하고 소리쳤다.

수진은 나무 위에서 그 소리를 듣고 생긋 웃으며 앞쪽 가지로 살짝 옮겨 갔다. 거기에 쪽지를 꽂아 둘 만한 작은 가지가 갈라져 있었다.

소리꾼 할아버지는 노래하듯 말하며 흥을 돋우었다.

"그러고 동학 농민군이 전주성에 당도하니 아, 성문이

---

* 황토현

한양으로 진군하던 농민군은 황토현(지금의 정읍시 이평면)에서 관군과 최초로 맞섰다. 농민군은 관군이 밤에 습격하리라 보고, 병력을 나누어 곳곳에 잠복시켜 놓은 뒤 본진에는 병력 대신 허수아비에 흰 천을 씌워 놓았다. 예상대로 관군이 밤에 본진에 들어오자 농민군은 사방에서 한꺼번에 공격하여 대포와 기관총으로 무장한 관군을 무찔렀다. 농민군이 관군과 맞서 싸워 크게 이긴 첫 전투로, 황토현의 지형을 잘 알고 있었던 전봉준 등 농민군 지도부가 적절한 전략으로 승리를 이끌었다.

활짝 저절로 열렸것다!"

사람들이 다시 "워메, 귀신이 곡할 노릇이네!", "얼씨구, 좋다!" 하고 소리꾼 할아버지의 말에 장단을 맞추었다.

"세상에서 천대받던 노비*들이 농민군 오는 것을 보고 문을 열어 준 게지. 농민군을 맞이하려고! 새 세상을 함께 열어젖히려고!"

사람들 사이에 다시 뜨거운 박수와 함께 폭풍 같은 환호성이 휘몰아쳤다. 할아버지의 판소리는 노비들의 환영 속에 농민군이 전주성에 들어가 감옥 문을 열고 억울하게 갇힌 사람들을 풀어 주었다는 이야기, 곳간에 그득히 쌓여 있던 곡식을 굶주린 백성들에게 나누어 주었다는 이야기

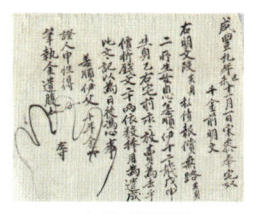

▲ 노비 매매 문서

* 노비
조선 시대에 가장 낮은 신분인 노비는 양반들이 노비 문서를 주고받으며 물건처럼 사고팔거나 자식에게 물려줄 수 있었다. 한번 노비가 되면 평생 벗어날 수 없었고, 부모 중 한쪽만 노비여도 자식이 노비가 되었다. 양반이 소유한 사노비와 관청에서 소유한 관노비가 있었으며, 보통 '종'이라고 불렀다.

로 이어졌다.

 마침내 소리꾼 할아버지가 팔을 들어 들판을 가리키며 외쳤다.

 "이제 세상은 농민군이 다스릴 것이니, 우리 녹두 장군에게 조선의 운명이 걸렸것다! 만백성이 평등하고 편안한 나라 만들 천하의 장사요, 세상에 다시없는 영웅, 녹두 장군 만세! 만세!"

 사람들은 두 팔을 쳐들고 목이 터져라 만세를 외쳤다. 수진은 쪽지를 꽂고 나서 사람들을 구경하려고 좀 더 앞쪽 가지에 발을 디뎠다.

 "녹두 장군은 하늘이 내린 사람이라고."

 "아암, 양반으로 났으면 정승 판서도 문제없지!"

 "그날 감나무 밑에 섰던 모습은 천하 대장군 못지않았다

니까. 그때만큼은 대장님이 얼마나 커 보이던지.”

"그러게. 녹두 장군이 우리 고을의 자랑이듯, 이 나무도 자랑이여!"

"어허허허! 덕분에 이 감나무도 출세했네!"

한 할아버지가 그렇게 말하며 나무를 쳐다보았다. 그 순간 맨발로 높다란 나뭇가지 위에 떡하니 서 있는 수진이 눈에 들어왔다. 할아버지의 눈이 점점 커지더니, 급기야 튀어나올 듯이 둥그레졌다.

"저, 저, 저!"

할아버지가 숨넘어갈 듯 소리치자, 몇몇 사람이 나무를 올려다보았다. 그러고는 눈이 휘둥그레져서 소리쳤다.

"아이쿠, 저 아가씨 좀 보게! 이 감나무가 어떤 나무인데, 함부로 올라간 게야. 우리 전 대장님이 핍박받는 농민들을 모아 일어나신 곳이오! 당장 내려오쇼!"

한 아저씨가 고함을 지르자 갑자기 나무 밑에 있던 사람들이 몽땅 수진을 올려다보며 손가락질을 해 댔다.

"저, 저런! 당장 내려오쇼!"

"아이고, 아씨, 어서 내려오셔요!"

"그려그려, 거기가 우리 농민군이 모여 다 같이 고부 관아로 쳐들어간 곳인데. 어서 내려오시오"

농민군의 성스러운 나무에 양반 옷을 입은 여자아이가 올라가 있으니, 사람들은 더욱더 못마땅한 듯했다.

"아무리 세상이 바뀌어도 그렇지, 양반집 아가씨가 어떻게 치마를 입고 거기를 올라가남요?"

"아, 썩 내려오지 않고 뭘 어물거려!"

그 순간 수진이 마을 어귀 쪽을 가리키며 소리쳤다.

"앗! 저기 누가 와요!"

그러자 사람들은 호통치던 것도 잊고, "뭐! 어디, 어디!" 하고 수진이 가리키는 쪽을 보았다.

수진은 그 틈을 타서 민호네 마당으로 뛰어내리듯 나무 밑으로 내려왔다. 치마가 낙하산처럼 퍼지며 수진은 사뿐히 착륙했다.

밑에 있던 사람들은 기겁했다.

"에구머니나!"

"아이고, 망측해라!"

보다 못한 할머니 한 분이 수진에게 다가왔다.

"아이고, 아기씨, 그러다 다치십니다."

할머니는 수진이 벗어 놓은 버선과 꽃신을 털어서 수진의 발에 신겨 주려 했다.

"괜찮아요, 할머니."

수진이 몸 둘 바를 몰라 했지만, 할머니는 아무렇지도 않은 듯 수진의 꽃신에 묻은 흙을 옷소매로 쓱쓱 닦았다.

"아기씨, 어서 신으세요."

할머니가 공손히 말하며 수진의 발치에 꽃신을 가지런히 놓아 주었다.

사람들은 못마땅한 얼굴로 할머니를 흘겨보았다. 민호가 사람들을 헤치고 "수진아!" 하고 소리치며 달려왔다.

"예끼, 버르장머리 없는 놈!"

할머니가 호통을 쳤다. 사람들도 일제히 민호를 쳐다보았다.

"아무리 세상이 달라졌다지만, 어디 감히 종놈이 양반집 아씨 이름을 함부로 부르는 게냐! 맞아 죽고 싶은 게야!"

젊은 아저씨 하나가 발끈했다.

"할머니, 말씀이 지나치십니다. 맞아 죽는다니요? 같은 또래끼리 이름 부르는 게 당연하지! 아, 똑같은 아이들인데, 아가씨니 뭐니 하는 게 잘못이지요. 아가씨는 무슨!"

수진이 얼른 끼어들었다.

"맞아요, 제 이름은 수진이에요. 그러니까 마음 놓고 수진이라고 부르세요. 아셨죠?"

순간 사람들의 얼굴이 환해졌다.

"장터에 웬 양반집 아가씨가 겁도 없이 돌아다니나 했더니, 생각이 탁 트인 아가씨로구먼! 동학*쟁이 아가씨네 그려!"

농사를 짓느라 검게 그을린 사람들의 얼굴에 하얀 이가 드러나면서, 팽팽했던 긴장감이 여름볕에 구름 걷히듯 사라졌다.

사람들은 고개를 끄덕이며 한마디씩 했다.

"세상이 바뀌기는 바뀌었나 보네. 양반집 아가씨가 우리 같은 농사꾼들보고 이름을 부르라고 하다니. 천지가 개벽을 했구먼!"

수진이 할머니의 손을 잡고 말했다.

"할머니, '수진아' 하고 불러 보세요, 네?"

할머니는 황송해서 "아이고, 아씨, 이, 이런……." 하며

* **동학**
백성들이 살기 힘들던 조선 후기에 평등사상을 바탕으로 최제우가 창시한 종교이자 사상. '사람이 곧 하늘'이라고 가르치며, 모든 사람이 한울(하늘)님처럼 귀하게 대접받는 평등한 세상을 이루려 했다. 당시 서양에서 들어온 천주교와 서양 문물을 '서학'이라고 불렀는데, 천주교 역시 모든 사람이 평등하다고 강조하여 많은 호응을 받았으나, 신분 차별을 중요하게 여기고 서양의 침략을 걱정하던 조선 조정의 탄압을 받았다. 최제우의 종교 사상은 천주교와 평등 정신은 같되, 동쪽에서 일어난 사상이라 하여 '동학'이라 불렀다. 3대 교주 손병희 때 '천도교'로 이름을 바꾸어 지금까지 이어지고 있다.

어쩔 줄 몰라 했다.

그때 한 아저씨가 용기를 내어 조그맣게 불렀다.

"수, 수진아."

수진이 "네!" 하고 대답했다. 그러자 한 아주머니가 용기를 내어 "수진아." 하고 불렀고, 잇달아 여기저기서 "수, 수진아……!", "수진이…….' 하고 조그맣게 따라 부르는 소리가 들려왔다.

수진과 민호는 기분이 이상했다. 어린 여자아이 이름 한번 부르는 것이 뭐가 그리 어려운 일이라고, 이토록 어렵게 수진의 이름을 부르는 것일까?

"수진아!"

민호는 일부러 들으라는 듯이 큰 소리로 수진의 이름을 외쳤다.

마침 심부름을 마치고 돌아온 준호가 그 모습을 보고 깜짝 놀랐다.

"야, 어쩌려고 그래? 아씨라고 해야지!"

준호가 눈을 부라리며 작게 속삭이자, 민호가 말했다.

"형, 이제 아가씨라고 안 해도 돼. 아가씨가 그냥 수진이라고 부르래!"

수진은 여기저기서 "수진아, 수진아!" 하고 불러 대는 소리에 연신 대답하느라 정신이 없었다. 사람들은 그런 수진을 보고 어린아이처럼 기뻐하며, "정말이지 마음씨 고운 아씨구먼!" 하고 칭찬했다.

"그래도 여자가 나무에 오르고 그러면 못써요, 아씨!"

할머니의 말에 수진은 혀를 날름 내밀었다. 할머니가 고개를 저으며 한숨을 푹 쉬었다.

다음 순간 요란한 꽹과리 소리가 공기를 갈랐다. 잇달아 마을 어귀 쪽에서 한 떼의 사람들이 만세를 외치며 감나무 아래쪽 언덕길로 몰려왔다.

뿌연 흙먼지 속에서 죽창과 화승총을 든 사람들이 환영 인파에 에워싸인 채 떠밀리듯 다가오고 있었다. 무리 한복판에는 하얀 갓을 쓴 키 작은 사람이 말을 타고 있었다.

누군가가 소리쳤다.

"녹두 장군*이다!"

준호는 자기 귀를 의심했다.

녹두 장군이라면 동학 농민 혁명을 이끌었던 그 전봉준 장군이 아닌가!

유난히 얼굴이 하얀 녹두 장군이 말을 타고 호위 무사들과 함께 언덕길을 올라왔다. 준호는 가슴이 벅찼다.

하지만 민호는 몹시 실망한 듯 "에계?" 하고 바람 빠지는 소리를 냈다. 대장이라고 해서 덩치도 크고 엄청난 사람인 줄 알았더니, 너무나 작고 보잘것없어 보였다. 여느

＊ 녹두 장군
동학 농민 혁명을 이끈 전봉준을 가리키는 말. 전봉준의 몸집이 녹두처럼 작고 단단하다 하여 붙여진 이름이다. 전봉준은 위기에 처한 나라를 구하고, 양반 상놈 구별 없이 모두가 평등한 세상을 만들기 위해 동학 농민 혁명에 나섰다. 조선 관군과 일본군에 용감하게 맞서 싸우며 농민군을 이끌었으며, 동학 농민군의 최고 지도자라 하여 '동도 대장'이라고도 불렸다.

장군들처럼 멋진 갑옷도 없고 번쩍이는 칼도 없었다. 그저 사람들을 쏘아보는 눈빛만 날카롭게 빛날 뿐, 무엇 하나 근사한 게 없었다.

　마침내 녹두 장군 일행이 감나무 부근에 도착했다. 장터는 사람들의 함성으로 떠나갈 듯했다.

5. 농민군 대장, 녹두 장군

감나무 주변은 어느새 녹두 장군을 보기 위해 몰려든 사람들로 발 디딜 틈이 없었다.

사람들은 바닥에 엎드려 큰절을 하거나 만세를 외치며 녹두 장군을 뜨겁게 맞이했다.

그 열렬한 환영에 손을 들어 답하던 녹두 장군은 이내 누군가를 발견한 듯 말에서 내리더니, 바닥에 엎드려 있는 사람에게 다가갔다.

"앗, 형한테 심부름 시킨 아저씨다!"

민호의 말에 수진과 준호는 고개를 빼고 살펴보았다.

북적이는 사람들 틈으로 녹두 장군과 바우 아저씨의 모

습이 보였다.

"이보게, 바우, 왜 이러나. 어서 일어나게."

녹두 장군이 바우 아저씨를 일으켜 세웠다. 두 사람은 말없이 부둥켜안았다.

그 모습을 지켜보던 사람들은 다시 뜨거운 박수를 보내며 환호성을 올렸다.

여기저기서 두 사람이 녹두 장군 아버지가 훈장님으로 있던 서당에서 함께 글공부를 하며 자란 고향 동무라고 자랑스레 말하는 소리가 들렸다.

"감영*에서 오는 길인가?"

▲ 대도소가 있던 전라 감영의 선화당

* **감영**
조선 시대에 각 도의 관찰사(지금의 도지사)가 나랏일을 보던 관청. 여기서는 전라도의 중심지인 전주성의 전라 감영을 가리킨다. 전라 감영은 동학 농민군 대장 전봉준이 전라 관찰사와 전주 화약을 맺은 곳으로, 전라도의 모든 농민군 집강소를 총괄하던 대도소가 있었다. 전봉준은 이곳에서 관찰사와 모든 일을 의논하여 결정하며 농민 자치를 이끌었다.

바우 아저씨가 묻자 녹두 장군이 고개를 끄덕였다.

"김학진* 관찰사와 이야기가 잘된 덕분에 집강소 일이 한결 수월해졌네. 할 일이 태산이니, 많이 도와주게나."

녹두 장군은 고향 동무의 손을 굳게 잡았다.

마중 나온 사람 가운데 하나가 말했다.

"어서 감나무 밑으로 가십시오, 대장님. 다들 눈 빠지게 기다리고 있습니다!"

녹두 장군과 바우 아저씨는 몰려든 사람들에게 손을 흔들며 감나무 그늘 밑으로 갔다. 그리고 멍석 주변에 있던 사람들과 힘차게 악수를 나누었다.

---

* 김학진

1894년 동학 농민군이 전라도 무장에서 봉기해 전주성까지 점령하자, 당황한 조정은 당시에 신망이 높았던 김학진을 전라 관찰사로 임명했다. 김학진은 농민군의 뜻을 존중하여 전봉준과 대화를 나누어 '전주 화약'을 맺었다. 이 화약에 따라 농민군은 각 고을에 '집강소'를 설치하고 고을을 다스렸다. 김학진은 각 고을의 관아에 글을 보내 농민들이 잘못된 제도와 정책을 고치며 고을 살림을 스스로 할 수 있도록 집강소 활동을 도와주게 했다. 그러나 1905년 을사늑약으로 일본에 나라를 거의 빼앗겼을 무렵에는 친일파로 돌아섰다.

하지만 멍석에 놓인 음식상을 본 순간, 녹두 장군의 얼굴이 딱딱하게 굳었다. 상에는 떡이며 부침개, 김치와 막걸리는 물론이고 큼지막한 접시에 고기까지 수북이 차려져 있었다. 민호는 침을 꿀꺽 삼켰다.

녹두 장군이 눈을 크게 뜨고 물었다.

"이 상을 누가 차렸는가? 지난해 흉년으로 가뜩이나 곤궁한 살림에, 올봄에는 관군과 전투를 치르느라 보리농사도 제대로 짓지 못했을 터인데."

사람들이 녹두 장군의 눈치를 보며 쭈뼛거리자, 상투머리가 허연 할아버지 한 분이 나섰다.

"내가 차렸네. 자네가 동학 농민군에서 어떤 사람인데, 우리가 대접을 소홀히 하겠나."

녹두 장군의 얼굴에 난감한 빛이 스쳤다.

"어르신, 저는 지금 고향에 온 것이 아니라, 집강소들을 돌아보는 중입니다. 일을 하러 온 것이지요."

"그래도 그게 아니지."

할아버지가 말했지만, 녹두 장군은 부하에게 일렀다.

"어르신께 상 차린 값을 내어 드려라. 빠듯한 살림에 이걸 장만하시느라 얼마나 힘이 드셨겠느냐."

그러고는 할아버지에게 공손히 허리를 숙였다.

"어르신, 앞으로는 저 때문에 상을 차리지 않으셨으면 좋겠습니다. 농민군은 당연히 해야 할 일을 하고 있을 뿐입니다."

사람들 속에서 탄성이 흘러나왔다. 그 틈을 타고 한 여인이 녹두 장군 앞으로 나와 무릎을 꿇었다.

"대장님, 우리 서방님을 살려 주세요! 저는 영광 사는 사람인데, 대장님을 만나려고 새벽길을 나섰어요. 관아에

---

* 군포

조선 시대 군대에 가는 대신에 옷감(포)으로 내던 세금. 16세 이상 60세 이하의 남자들이 내야 하는 세금이었으나, 양반들은 면제를 받았다. 이에 부유한 상인이나 지주들이 온갖 불법과 편법을 동원해 양반 신분을 사들이면서 조선 후기에 양반의 수가 급격하게 늘어났고, 가난한 농민들에게 지워지는 군포 부담이 갈수록 늘어났다. 가난한 농민들을 괴롭히던 대표적인 제도로, 조선 후기 농민 봉기의 주요 원인이 되었다.

서 나이 든 아버님과 젖먹이한테까지 군포*를 물리는 통에 서방님이 사또께 억울하다고 하였더니, 곤장을 쳐서 옥에 가둬 버렸지요……."

 여인은 설움이 복받친 듯 울음을 터뜨렸다. 여인의 얼굴은 온통 땀과 눈물로 범벅이 되었다.

 잇달아 여인과 함께 왔다는 영광 사람들이 차례로 무릎을 꿇고 억울한 사연들을 털어놓았다.

"대장님, 저는 억울하게 땅을 빼앗겼습니다. 한 해 소작*료로 7할이나 떼이다, 결국 빚더미에 올라앉아 땅을 잃고 아내와 어린 자식들과 함께 길거리로 나앉았지요."

"저는 터무니없는 고리대 때문에 자식 놈을 남의 집 종살이를 보냈습니다. 참으로 못난 아비입니다. 어흐흑!"

영광의 한 마을은 탐관오리의 잔인하고 난폭한 정치를 견디다 못한 사람들이 몽땅 도망쳐서, 한때는 마을이 텅텅 비었다고 했다.

원통한 사연들이 이어지자 녹두 장군 바로 뒤에 서 있던 바우 아저씨가 앞으로 나섰다.

"대장님께서 곧 영광으로 가실 겁니다. 돌아가서 여러

---

* 소작
남의 땅을 빌려 농사를 짓는 일. 소작인은 땅을 빌린 대가로 추수한 곡식의 일부를 땅주인인 지주에게 냈는데, 조선 후기에는 수확물의 절반 이상을 내야 했다. 게다가 소작인들은 토지세인 전정도 내야 해서, 열심히 농사를 짓고도 늘 가난에 쪼들렸다. 또 가뭄이나 홍수로 흉년이 들면 비싼 이자를 물고 빚을 얻어 소작료와 세금을 내야 했다. 이 때문에 땅을 잃고 날품을 팔거나 거지나 도둑이 되기도 했다.

분의 억울한 사연을 영광의 집강소*에 접수해 주십시오. 허면 반드시 여러분의 억울함을 풀어 낼 길이 있을 것입니다."

그러고는 주변에 있던 사람들에게 외쳤다.

"대장님은 다른 고을 집강소도 둘러보셔야 합니다. 그러니 어서 우리 집강소로 갑시다! 여기 있는 음식을 모두 싸 가지고 갑시다!"

사람들은 흔쾌히 자리를 털고 녹두 장군 일행을 따라 이동했다. 사람들이 무리지어 움직이자, 마치 넓은 들판에서 익어 가는 곡식들이 바람에 물결치는 것 같았다.

사람들은 말을 탄 녹두 장군을 따라가며 동학 농민군 만

---

* **집강소**
동학 농민 혁명 때 만들어진 농민 자치 기구. 전주 화약에 따라 전라도의 각 군현에 설치되어, 신분에 따른 차별 제도를 없애고, 농민들에게 거두던 무거운 세금을 덜어 주었으며, 농민들이 관청이나 양반 지주들에게 당한 억울함을 풀어 주었다. 농민 대표들이 회의를 통해 문제를 해결하는 집강소의 운영 방식은 우리나라 민주주의와 지방 자치의 시작으로 평가받는다.

세를 목이 터져라 외쳤다. 그리고 모두가 사람답게 살 수 있는 새 세상이 오기를 간절히 바랐다.

녹두 장군 일행이 언덕을 지나 들길로 접어들 때였다.

피융!

선두에서 나아가던 녹두 장군을 향해 어디선가 화살이 날아왔다. 화살은 녹두 장군을 아슬아슬하게 비껴가 둔탁한 소리를 내며 길섶의 나무에 박혔다.

사람들이 술렁이며 앞쪽 대열이 순간적으로 흩어졌다. 녹두 장군과 함께 가던 호위 부대가 순식간에 장군을 에워쌌다. 녹두 장군의 뒤를 따르던 사람들은 바닥에 납작 엎드리거나 서로 부둥켜안고 주저앉아 벌벌 떨었다.

한순간 팽팽한 긴장감이 흘렀다. 그러나 어느새 말에서 내린 녹두 장군은 눈 하나 깜짝하지 않았다. 녹두 장군은 자신을 에워싼 호위 부대를 물리치고 길섶으로 뚜벅뚜벅 걸어 나갔다.

"위험합니다!"

호위 부대가 다시 에워싸려 했지만, 장군은 "물러서라!" 하고 소리치며 단호하게 뿌리쳤다.

녹두 장군은 나무에 박힌 화살을 유심히 살펴보며 방향을 가늠했다. 그러고는 부하의 죽창을 홱 빼어 들고 화살이 날아온 쪽으로 성큼성큼 나아갔다.

녹두 장군이 소리쳤다.

"관군이냐? 첩자냐?"

쩌렁쩌렁 울리는 장군의 목소리에 사방이 찬물을 끼얹은 듯 조용해졌다.

"아니면 썩어 빠진 양반의 개냐?"

화살조차 비켜 갈 것 같은 기세에 아이들은 소름이 돋았다. 준호와 민호와 수진은 장터 뒤쪽의 나무숲에서 수상한 이야기를 나누던 봇짐장수들이 떠올랐다. "단숨에 해치워야 돼.", "활 쏠 곳도 봐 두었지." 하고 쑤군대던 소리가 머릿속에 메아리쳤다.

혹시 아까 그 사람들이……!

아이들은 서로를 돌아보며 몸을 부르르 떨었다.

녹두 장군은 한 걸음 더 나아가 가슴을 풀어 헤치며 소리쳤다.

"그 더러운 화살로 나를 쏘겠다는 것이냐? 쏘아라! 내가 죽으면, 동학 농민군은 백배 천배 더 강해질 것이다!"

장군이 서슬 퍼런 태도로 말했다.

"썩 꺼져라! 비겁한 놈."

이내 장군은 죽창을 집어 던졌다.

길섶 너머 덤불로 날아간 죽창이 "퍽!" 하는 둔탁한 소리를 내며 어딘가에 꽂혔다. 그러자 산짐승이 달아나듯 덤불이 흔들리더니, 후다닥 도망가는 소리가 났다. 장군의 예상이 맞았다!

"녹두 장군 만세!"

정적을 깨고 솟아오른 그 소리를 시작으로 숨죽이고 있던 사람들 속에서 천둥 같은 함성과 함께 푸른 깃발이 힘차게 솟구쳤다.

"녹두 장군 만세!"

"동학 농민군 만세!"

천지를 뒤흔드는 듯한 거대한 함성 속에서 녹두 장군은 무리를 이끌고 다시 집강소로 떠났다. 자신을 믿고 따르는 수많은 농민들을 이끌고.

6. 농민군의 법에 따라

집강소 앞에 모여 있던 농민군이 녹두 장군을 향해 죽창을 들어 인사했다. 그 소리 없는 몸짓 속에서 하나로 이어진 마음이 느껴졌다. 뜨거운 동지애와 서로에 대한 믿음이 힘차게 일렁이는 것 같았다.

어느새 해는 서서히 서쪽으로 기울고 있었다. 녹두 장군은 농민군과 함께 집강소로 들어갔다. 말목 장터에서부터 녹두 장군을 따라온 사람들은 관아 밖에 진을 치고 서늘한 그늘을 드리운 담장 밑에서 음식을 나누었다.

그사이에 집강소 마당에서는 접수된 사건들에 대한 재판이 시작되었다. 녹두 장군과 바우 아저씨가 대청마루에 나란히 앉은 가운데, 마당에는 성찰(농민군 경찰)들이 삼지창을 든 관아의 나졸들과 함께 죄인을 지키고 서 있었다. 그 옆에서는 열댓 살쯤 되어 보이는 소년이 먹을 갈았다. 죄인의 뒤에는 구경꾼들이 거름지게며 망태 따위를 내려놓고 빽빽이 둘러서 있었다.

바우 아저씨가 말문을 열었다.

"이방은 양반의 편에 서서 온갖 못된 짓을 일삼고, 가난한 백성에게 멋대로 곡식을 빼앗아 제 뱃속을 채웠으며, 심지어 나라에서 백성에게 나누어 준 곡식까지 가로챘으니, 삼정의 문란*이 극에 달했다……."

* **삼정의 문란**
농업 국가였던 조선은 농민이 내는 세금으로 유지되었다. 그중 가장 중요한 세 가지가 '삼정'으로, 농사짓는 논밭에 대해 토지세를 거두는 전정, 군대에 가는 대신 군포를 거두는 군정, 가난한 농민에게 환곡으로 곡식을 빌려 주고 이자를 쳐서 거두는 환정을 가리킨다. '삼정의 문란'은 이 세 가지 세금과 연관된 부정부패를 일컫는다. 조선 후기에는 있지도 않은 논밭에 대해 토지세를 거두고, 죽은 사람과 갓난아이에게까지 군포를 물렸으며, 꾸어 주는 곡식에 모래나 겨를 섞어 양을 늘리고는 비싼 이자를 얹어 돌려받는 등 삼정을 둘러싼 부정부패로 백성들이 큰 고통을 받았다.

먹을 갈던 소년이 붓을 들고 바우 아저씨의 말을 빠르게 받아 적기 시작했다.

그때 난데없이 "네 이놈!" 하는 고함 소리와 함께 웬 할아버지가 뛰쳐나왔다.

"내 아들을 살려 내라, 이 천하에 죽일 놈!"

성찰들이 재빨리 할아버지를 막아섰지만, 사람들은 술렁거리며 이방에게 삿대질을 해 댔다.

할아버지는 붉게 핏발 선 눈으로 울부짖었다.

"저놈이 아무 죄 없는 내 아들을 개 끌듯 끌고 가 죽도록 곤장을 때렸소. 피도 눈물도 없는 놈!"

그러자 밭일을 하다 구경 온 사람들이 지게 작대기며 호미 따위를 쳐들고 소리쳤다.

"죽여라! 죽은 사람한테도 세금을 뜯어 간 지독한 인간! 우리가 당한 만큼 그대로 돌려줘야지!"

"재판은 무슨 재판! 농민군 세상에서 네놈 목숨이 붙어 있을 성 싶으냐!"

성찰들이 흥분한 사람들을 온몸으로 막아섰다. 놀라서 달려온 집강소 호위군까지 겹겹이 에워싸자, 이방은 겁에 질려 나무토막처럼 뻣뻣해졌다.

소란을 뚫고 바우 아저씨가 소리쳤다.

"어르신, 안 됩니다! 저 짐승만도 못한 놈들하고 똑같이 해서는 안 됩니다. 농민군은 농민군의 규율이 있습니다. 그 규율에 따라 먼저 죄를 따져 묻고, 그에 맞는 벌을 내려야 합니다!"

흥분한 사람들이 핏대를 세우며 고함을 쳤다.

"바우, 자네 아버지가 누구 때문에 죽었는데 그러나!"

"이방 때문에 죽은 사람이 어디 한둘인가!"

분에 못 이긴 사람들은 이방에게 욕을 퍼붓고 삿대질을 하다가, 급기야 돌팔매질을 해 댔다. 그토록 수많은 농민들을 죽이고 괴롭혔던 이방을 눈앞에 두고도 마음대로 없애지 못한다는 사실에 쌓였던 울분이 폭발한 것이다.

녹두 장군이 자리에서 일어났다.

"멈추시오!"

집강소 마당에 장군의 목소리가 쩌렁쩌렁 울려 퍼지자 사람들이 돌팔매질을 멈추었다.

"바우 집강의 말대로, 이것은 우리의 규율에 맞지 않소. 우리가 봉기에 나선 것은 누구를 벌주고 원한을 풀자는 것이 아니라, 보국안민*하자는 것이오. 동학 농민군의 4대 강령*을 만들어 지키는 것도 그 때문이오. 우리는 관군과 싸우면서도 칼날에 피를 묻히지 않는 것을 큰 공적으로 삼았고, 부득이 싸우더라도 목숨을 상하게 하지 않도록 조심해 왔소. 행진할 때에도 사람이나 가축을 해치지 않았

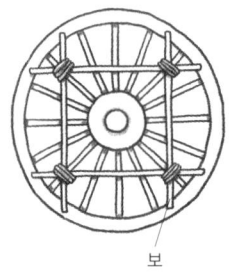
보

* **보국안민**
동학 농민군이 내걸었던 구호로, 잘못된 나라를 바로잡아(보국 輔國) 백성들을 편히 살게 하자(안민 安民)는 뜻이다. 특히 '보(輔)'에는 수레바퀴가 잘 굴러가게 해 주는 덧방나무, 보처럼 백성들이 벼슬아치들을 도와 나라를 운영한다는 뜻이 담겨 있다. 전봉준은 부패한 관리들을 몰아내고, 지금의 의회와 비슷한 민회를 열어 백성들을 괴롭히는 정책이나 법 등을 바로잡으려 했다.

고, 밭길을 지날 때는 보리를 붙들어 쓰러지지 않도록 했으며, 노인들의 짐을 대신 져 주기도 했소. 그래서 농민군이 마을로 들어가면 사람들이 방을 내어 주고 줄을 이어 밥 광주리를 날라다 주었던 거요. 우리의 목적은 결코 복수를 하거나 원수를 갚는 데 있지 않소. 모든 사람을 하늘처럼 귀하게 여기는 세상, 공평하고 평등한 세상을 이루고자 하는 것이오. 허면 우리 스스로 정정당당하고 공평무사해야 할 것이 아니겠소!"

여기저기서 돌과 호미, 지게 작대기 따위를 내려놓는 소리가 났다.

---

* 동학 농민군의 4대 강령

'사람을 함부로 죽이지 않고 가축을 잡아먹지 않는다. 충효를 다하여 세상을 구하고 백성을 편안하게 한다. 일본 오랑캐를 몰아내고 나라의 정치를 바로잡는다. 군사를 몰고 한양으로 들어가 권세가와 귀족들을 몰아낸다'는 동학 농민군 4대 강령은 농민을 소중히 여기는 동학 농민 혁명의 정신을 잘 보여준다. 또 동학 농민군의 목표가 단순히 부패한 관리를 몰아내는 데 그치지 않고, 조선을 침략하려는 외세를 몰아내고 나라를 바로잡는 데 있었음을 분명히 하고 있다.

사람들은 숙연한 얼굴로 녹두 장군을 우러러보았다. 어느새 모두의 눈가에 눈물이 어렸다. 알 수 없는 서러움과 감격에 목이 메어 눈물을 훔치는 사람도 있었다. 생명을 귀하게 여기는 농민군의 마음이 모두의 가슴에서 가슴으로 전해졌다. 아이들도 가슴이 뭉클했다.

이내 재판이 다시 시작되었다. 바우 아저씨가 떨고 있는 이방을 내려다보며 준엄하게 말했다.

"이방은 그간의 죄를 물어 이방직을 박탈하고 옥에 가둔다. 또 부당하게 빼앗은 땅과 곡식을 백성들에게 돌려주고, 억울하게 노비가 된 이간난, 양덕만, 김판남의 노비 문서를 불태우라!"

그러고는 재판을 기다리던 다음 사람을 불렀다. 또다시 여기저기서 고함 소리가 터져 나왔다. 하지만 곧 녹두 장군의 근엄한 얼굴을 보고는 지게 작대기며 호미 따위를 꽈악 움켜쥔 채 분을 삭였다.

마당으로 불려 나온 사람은 악명 높은 지주이자 고리대

금업자로, 깡마른 농민들과 달리 풍채가 좋고 얼굴에 기름기가 흘렀다.

바우 아저씨가 모시 적삼을 입고 느긋하게 서 있는 고리대금업자에게 소리쳤다.

"김 진사는 부당한 방법으로 엄청난 고리대를 뜯어 갔소. 이에 죄를 낱낱이 따져 벌을 내릴 것이오. 먼저 조사한 내용을 밝히도록 하겠소."

그러고는 손을 들어 구경꾼들 앞쪽에 앉아 있던 준호를 불렀다. 사람들의 눈길이 일제히 준호에게 쏠렸다.

준호는 숨을 크게 들이마시고 나서 천천히 바우 아저씨 앞으로 갔다.

수진과 민호는 으쓱해하며, 준호의 뒷모습을 자랑스레 바라보았다.

7. 지혜로운 판결

"조사한 것을 고하라."

바우 아저씨의 말에 준호는 수첩을 꺼내 조사한 내용을 읽기 시작했다.

"감나무집 할아버지는 재작년 봄에 쌀 열 말을 빌렸고, 그해 가을 추수 때 이자로 두 말을 냈습니다."

순간 사람들의 입이 크게 벌어졌다. 노비 아이가 글을 읽다니, 천지가 개벽할 일이었다. 바우 아저씨도 새삼 놀랍다는 듯 고개를 끄덕였고, 붓으로 재판 내용을 받아 적던 소년도 신기한 듯 쳐다보았다.

준호는 계속 읽어 내려갔다.

"그런데 작년 가을에는 이자로 네 말을 달라고 했답니다. 어째서 한 해 만에 이자가 두 배가 되느냐고 물으니, '원래 이자는 세 말인데, 재작년에 두 말밖에 내지 않았으니 빌린 쌀이 열한 말이 되었고, 열한 말의 이자는 네 말'이라고 했답니다."

곳곳에서 한숨과 탄식이 터졌다.

"아니, 두 말이던 이자가 왜 갑자기 세 말로 둔갑했대?"

"그렇게 멋대로 이자를 바꿔 놓고 도리어 우리더러 셈을 못한다고 뒤집어씌우니, 환장할 노릇이지."

바우 아저씨가 말했다.

"동몽 접장*은 이 사실을 빠짐없이 적어 두어라."

---

* **동몽 접장**

동학은 윗사람과 아랫사람, 노비와 주인, 양민과 천민을 구별하지 않고 모두 '접장'이라고 불렀다. 동몽은 청소년을 가리키던 말로, 어린 사람도 어른과 똑같이 귀한 사람이라는 뜻에서 청소년을 '동몽 접장'이라고 높여서 불렀다. 동학의 3대 교주 손병희의 사위이자 동학 교도였던 소파 방정환은 이에 영향을 받아, '젊은이'나 '늙은이'와 동등하다는 뜻으로 '어린이'라는 말을 만들었다. 이러한 평등 의식은 집강소의 민주적 통치의 바탕이 되었다.

그러고는 준호에게 고갯짓으로 계속 고하라고 일렀다.

동몽 접장이 붓에 먹을 새로 묻히고 준호의 이야기를 기다렸다.

준호는 다시 수첩을 보며 읽기 시작했다.

"박 초시 댁에서는 재작년에 쌀 세 말을……."

그 순간 느닷없이 김 진사가 말을 잘랐다.

"그만하라! 여기 정읍 땅에서 나한테 빚진 사람이 어디 한둘인가? 다들 내 덕에 집안의 크고 작은 일들을 치르지 않았는가!"

김 진사는 몸을 돌려 구경꾼들을 훑어보며 못마땅한 얼굴로 따져 물었다.

"손 영감네 딸 혼례 때도 내가 열 냥을 빌려 주었고, 덕만이, 자네도 어미 초상 치른다고 내가 쌀을 빌려 주지 않았는가."

뱀처럼 서늘한 김 진사의 눈빛과 마주친 사람들은 움찔하며 아무 말도 못했다.

김 진사는 자신을 얻은 듯 입가에 엷은 웃음을 띠었다.

"앞서 봉준이가 말했듯이, 세상에는 법도가 있는 법. 아무리 천지가 개벽을 했다 해도 빚을 졌으면 갚는 것이 맞지 않겠나!"

"봉준이라니, 감히 우리 대장님한테!"

누군가 소리치자 곳곳에서 분노의 고함 소리가 터져 나왔다.

"저 양반이 지금 여기가 어디라고!"

"재판이고 뭐고, 당장 저 집 곳간을 털러 갑시다! 억울하게 빼앗긴 곡식 찾아오자고!"

사람들은 분에 못 이겨 울음을 터뜨리기도 하고, 김 진사를 노려보며 부들부들 떨기도 했다.

바우 아저씨가 손을 들어 사람들을 진정시켰다. 그리고 침착하게 김 진사의 말을 바로잡았다.

"돈을 안 갚겠다는 것이 아니라, 터무니없이 높은 이자를 받는 고리대의 죄를 묻는 것이오! 고리대는 가난한 백성을 벼랑 끝으로 내모는 가장 악덕한 짓이오!"

김 진사가 다시 천연덕스럽게 말했다.

"아, 알았네! 안 받겠네! 고리대가 문제라면 이자를 안 받지, 뭐. 그리고 빚도 천천히 받겠네. 자네들 사정이 허락하는 대로, 천천히 갚게나. 자, 이제 나를 풀어 주게."

마을 사람들은 그만 말문이 막혔다. 갑자기 이자를 안 받겠다니, 뭐라고 말해야 좋을지 몰라 멍하니 서로의 얼굴만 쳐다보았다.

수진과 민호도 딱 꼬집어 말할 수는 없지만 뭔가 이상했다. 조사를 하면서 직접 억울한 사정을 들었던 준호는 말할 나위도 없었다. 감나무집 할아버지는 턱없이 높은 이자를 갚느라 다시 빚을 졌고, 그 때문에 가족들이 노비로 팔려 가고 온 집안 사람들이 뿔뿔이 흩어졌다. 그 보상은 대체 어디서 받는단 말인가?

모두의 얼굴에 초조한 빛이 떠올랐다. 혹시 재판이 이대로 끝나는 건 아닐까? 몇몇 사람은 억울함에 벌써부터 가슴을 치며 아이고아이고 울음을 터뜨렸다.

이내 바우 아저씨가 천천히 입을 열었다.

"쌀 열 말의 이자로 두 말을 받는 것도 너무 과하다. 우리 농민군의 폐정 개혁안*에 따르면, 열 말의 이자로는 한 말이 적당하다."

순간 사람들의 얼굴에 기대감이 일었다.

"나머지는 당연히 돌려주어야 한다. 작년의 경우에는 네 말을 받아 갔으니, 그중 세 말을 돌려주어야 한다. 따라서 김 진사가 감나무집 할아버지에게 부당하게 취한 이자는 재작년에 한 말, 작년에 세 말, 합이 네 말이다. 그러

*** 폐정 개혁안**
조선 사회의 잘못된 정치(폐정) 질서를 바로잡기 위해 동학 농민군이 제시한 개혁안. 부패한 관리를 벌주고, 노비 문서를 불태우는 등 신분 차별 제도를 폐지한다는 내용이 담겨 있다. 높은 이자로 백성을 빚쟁이로 만드는 고리대와 어려운 처지의 백성을 더욱 궁핍하게 내모는 환곡을 없애고, 부당하게 진 빚을 모두 무효로 하며, 젊어서 과부가 된 여성이 다시 결혼할 수 있게 하고, 잘못된 토지 제도와 조세 제도를 고치고, 당시 조선을 노리던 일본과 내통하는 사람은 엄중히 처벌한다는 내용도 들어 있다. 이처럼 동학 농민군은 집강소를 중심으로 잘못된 정치 제도를 바로잡아 나갔다.

니 김 진사는 감나무집에 쌀 네 말을 돌려주라!"

여기저기서 안도의 한숨 소리와 함께 탄성이 일었다.

"아이고, 난 이대로 끝나나 했는데 다행일세."

"바우 저 사람 여간내기가 아니야."

김 진사는 눈이 휘둥그레진 채 아무 말도 못했다.

바우 아저씨가 단호하게 말했다.

"우리는 도적 떼가 아니오. 함부로 남의 곳간을 털지 않

소. 또 김 진사 당신처럼 멋대로 원금을 불려 이자를 셈하거나, 빌려주는 곡식에 돌을 섞어 눈을 속이지도 않소!"

김 진사에게 당했던 끔찍한 기억들이 새삼 떠오르는 듯, 사람들은 김 진사에게 삿대질을 하며 비난했다.

바우 아저씨가 마지막으로 판결을 정리했다.

"김 진사는 농민군의 폐정 개혁안에 따라 부당하게 취한 고리대를 정확하게 셈하여 주인에게 돌려주시오. 누구든 김 진사에게 억울하게 고리대를 뺏긴 사람은 동몽 접장에게 빠짐없이 고하시오. 정확히 셈해서 모두 돌려받을 수 있도록 하겠소!"

사람들은 두 팔을 쳐들고 만세를 외치며 기뻐했다. 감격에 차서 서로 얼싸안고 펄쩍펄쩍 뛰는 사람, 지게 작대기며 살포 따위를 하늘 높이 쳐들고 흔드는 사람도 있었다.

"살았다, 이제 굶어 죽지 않겠구나."

"빚 때문에 노비로 팔려 간 간난이도 돌아오겠지."

감격의 소리들이 마당을 가득 메웠다.

준호는 임무를 멋지게 마치고 앞줄에 있던 민호와 수진에게 돌아왔다. 그러고는 기뻐하는 사람들 틈에서 셋이 부둥켜안고 펄쩍펄쩍 뛰었다.

"오빠, 멋지다! 최고야!"

수진이 목젖이 보이도록 입을 크게 벌리고 소리쳤다.

묵묵히 지켜보던 녹두 장군도 자리에서 일어나 바우 아저씨의 손을 덥석 움켜쥐었다.

"역시 내 눈이 틀리지 않았네. 자네가 잘 해낼 줄 알았어. 자네처럼 총명하고 지혜로운 이가 세상을 잘못 만나 썩고 있었을 뿐, 나는 자네를 한결같이 믿었네!"

바우 아저씨가 말했다.

"과찬일세. 전에 자네가 말했듯이, 집강소의 힘은 곧 농민들의 힘이지. 그 뿌리는 서로 도우며 농사를 지어 온 두레*이고. 나는 우리 농민들의 힘과 지혜로 반드시 새 세상

* 두레

서로 농사일을 거들어 주는 농촌의 마을 조직. 모내기와 김매기 등 일손이 많이 필요할 때 두레를 통해 서로 일을 거들고 몸이 아프거나 나이가 많은 사람, 혼자 사는 과부 등의 논밭을 함께 돌보았다. 농악을 연주하며 일하고, 마치면 다 같이 잔치를 벌였다. 덕분에 즐겁게 일하고 능률도 높였다. 동학 농민군은 서로 돕고 함께 일하는 두레 조직을 바탕으로 농민 자치 기구인 집강소를 세워 농민 민주주의를 실시했다.

이 열릴 거라고 믿네!"

그러자 사람들이 존경스러운 눈빛으로 바우 아저씨를 보았다.

"아이고, 바우 저 사람, 다시 봤구먼! 이렇게 똑똑할 줄 누가 알았나!"

"그걸 알아본 대장님이야말로 진짜 똑똑하지!"

곳곳에서 그래그래 하고 맞장구를 치며, 이제껏 어떤 사또보다 훌륭한 판결을 내린 바우 아저씨에게 감탄하고 또 감탄했다.

청년들과 아낙네들이 집강소 마당으로 떡과 과일을 내오자, 집강소 안은 떠들썩한 웃음소리와 함께 흥겨운 잔치 분위기로 바뀌었다.

8. 사람답게 살리라

대청마루 앞에서 녹두 장군과 바우 아저씨는 한동안 말없이 서로를 마주 보았다. 두 사람 모두 짧은 만남 뒤의 이별이 못내 아쉬운 눈치였다.

마침내 녹두 장군이 바우 아저씨의 손을 굳게 잡으며 말했다.

"동학 농민군의 피로 얻은 집강소일세. 이 집강소 일을 자네만큼 잘 아는 사람이 어디 있겠나. 증거나 증인을 찾아서 공정한 재판을 하는 것이야말로 우리가 원하는 바가 아닌가. 여기 집강소에서는 무조건 죄를 뒤집어씌우거나 억울한 일이 없을 거라고 믿네. 이곳 집강소는 자네한테

맡기고, 나는 그만 가 봐야겠네."

바우 아저씨의 얼굴에 서운한 빛이 어렸다. 이제 헤어지면 언제 또 만날 수 있을지 알 수 없었다.

바우 아저씨가 말했다.

"오랜만에 만났는데, 탁주 한 잔 나눌 시간이 없구먼. 무장으로 가는가?"

녹두 장군이 문 쪽으로 걸음을 옮기며 말했다.

"먼저 고창으로 가네. 곳곳에서 새로 모여든 농민군과 비축한 군량미며 무기도 둘러볼 참일세. 장졸들에게 언제든 출병 명령을 기다리고 있으라 하였으니, 훈련이 잘되고 있는지도 살펴봐야 하고. 척왜양* 하고 우리 힘으로 나

---

* 척왜양
조선을 침략하려는 일본(왜)과 서양(양) 세력을 물리친다(척)는 뜻. 조선 후기에 서양 강대국과 일본이 무력을 앞세워 조선을 침탈하자, 부패한 관리들에게 시달리던 백성들은 더욱 살기 힘들어졌다. 이에 동학은 외세의 침략을 물리치고(척왜양), 백성을 억압하는 낡은 제도를 바꾸어(반봉건) 백성들이 편히 살 수 있는 나라를 만들고자 했다. 그러나 조선의 지배층은 동학 농민군을 진압하기 위해 외세를 끌어들여 나라를 위기에 빠뜨렸다.

라를 지키려면, 조만간 왜군과의 싸움*을 피할 수 없을 것 같네."

함께 걸어 나가던 바우 아저씨의 얼굴이 어두워졌다.

"아까 그 화살이 마음에 걸리네. 관군과 보부상들 무리에 사람을 풀어 알아보니, 자네를 죽이려는 음모가 도처에 있다더군. 호위 부대가 잘 하겠지만, 각별히 조심하게나. 부탁일세!"

두 친구는 잠시 걸음을 멈추고 뜨겁게 부둥켜안았다.

이윽고 하얀 갓을 쓴 녹두 장군이 호위 부대를 거느리고 집강소를 나섰다. 관아 앞에 모여 있던 수많은 농민들이 죽창이며 소나무 가지 따위를 들고 그 뒤를 따랐다.

---

* 왜군과의 싸움
동학 농민군을 진압하기 위해 조선 조정은 청나라에 군대를 보내 달라고 했다. 이에 따라 청나라 군대가 조선에 들어오자, 톈진 조약을 앞세워 일본도 조선에 군사를 보냈다. 전주 화약 이후 동학 농민군이 해산하자 청나라는 일본에게 같이 물러나자고 요구했지만, 일본은 군대를 철수할 생각이 없었다. 이후 1894년 청나라와 일본은 조선 땅에서 전쟁을 벌였고, 승리한 일본은 조선을 보호한다는 구실로 조선의 정치에 멋대로 간섭하기 시작했다.

아이들도 배웅 나온 바우 아저씨와 함께 무리의 끝에 섞였다. 그러자 몇몇 사람들이 미심쩍은 얼굴로 수진을 힐끔거렸다.

"양반집 아가씨가 여기는 어쩐 일이쇼? 뭐 염탐이라도 하러 온 겐가?"

누군가 비꼬듯이 내뱉자 민호가 대답했다.

"아니에요. 얘는 내 친구예요."

순간 다들 깜짝 놀랐다.

양반 아이와 노비 아이가 친구라고?

무리 가운데 아까 장터에서 만났던 아저씨들이 수진을 감싸 주었다.

"그럼요, 이 아이는 양반집 아가씨가 아니라, 그냥 수진이랍니다. 그렇지, 수진아?"

그러고는 "네!" 하고 대답하는 수진을 가리키며 거 보란 듯이 하하하하 통쾌하게 웃었다.

바우 아저씨가 의아하다는 듯 수진을 바라보았다.

"녹두 장군님이랑 아저씨처럼, 아가씨랑 제 동생도 친한 동무예요."

준호의 말에 바우 아저씨의 얼굴이 환해졌다.

아저씨의 얼굴을 보고 따라 웃던 준호가 말을 이었다.

"아저씨, 이제 저희도 집으로 갈게요. 저 아저씨들을 따라가면 될 것 같아요."

준호가 작별 인사를 하자 바우 아저씨가 말했다.

"그래, 오늘 수고 많았다. 네 조사가 큰 도움이 되었단다. 조사한 내용을 그렇게 글로 적어 올 줄은 꿈에도 몰랐구나. 노비의 몸으로 어떻게 글을 익혔느냐?"

"원래 우리 형은 여섯 살 때부터 천자문을……."

준호가 얼른 민호의 손을 잡아끌며 얼버무렸다.

"예, 아가씨 어깨 너머로 익혔습니다."

바우 아저씨는 기특하다는 듯 고개를 끄덕였다.

"내가 너의 총명함은 아까 장터에서부터 알아보았다. 지금까지는 제아무리 똑똑해도 노비는 사람대접을 받지 못했지. 하지만 앞으로는 세상이 달라질 거다. 너 같은 아이가 사람대접을 받는 세상이 올 터이니, 천한 신분이라고 포기하지 말고, 열심히 글을 읽고 공부하여라. 알겠느냐?"

민호가 냉큼 말을 받았다.

"걱정 마세요. 우리 형은 책 읽는 걸 아주 좋아하거든요. 형, 빨리 녹두 장군님 따라가자!"

바우 아저씨는 흐뭇한 얼굴로 어서 가 보라고 손짓했다. 아이들은 바우 아저씨에게 인사를 하고 서둘러 행렬을 따라갔다.

녹두 장군 일행은 동학 농민군이 되기 위해 모여든 이들을 이끌고 사람들의 배웅 속에 마을 어귀를 빠져나갔다.

해질녘의 붉은 햇살 속에서 각 마을을 대표하는 듯한 황색 깃발, 붉은 깃발들이 힘차게 펄럭였다. 장태와 곡식 자루를 실은 소달구지와 흰옷을 입은 농민들의 행렬이 흙먼지를 일으키며 길을 따라 끝없이 이어졌다.

이윽고 야트막한 언덕을 지나 들판으로 나아가자 멀리 지평선 위로 우뚝 솟은 나직한 산이 온통 하얗게 물들어 있었다. 그 사이사이로 붉고 푸른색이 점점이 보이기는 했지만, 거의 흰색이었다.

"저 하얀 건 뭐예요?"

민호가 묻자 어깨에 활을 메고 걷던 아저씨가 대답했다.

"아, 저거? 우리 농민군이지."

그러자 죽창 대신 소나무 가지를 쥐고 가던 아저씨가 자랑스레 덧붙였다.

"아, 흰옷을 입은 군대가 우리 농민군밖에 더 있겠냐. 서면 백산, 앉으면 죽산*이지. 우리 농민군 옷은 흰옷이고, 무기는 죽창이니까. 그래서 저 산은 백산이란다."

그러고 보니, 함께 걷고 있는 사람들 모두가 머리에 흰 수건을 두르고 흰옷을 입고 있었다.

'저 산에서 보면 여기도 하얗게 보이겠구나.'

준호는 문득 그런 생각이 들었다.

"지금도 동학 농민군이 되려고 사방에서 사람들이 구름처럼 모여들고 있단다. 양반 상놈 할 것 없이, 모두가 귀한 사람으로 대접받는 세상을 만들려고 말이다."

지게에 곡식 섬을 지고 가던 아저씨가 땀을 뚝뚝 흘리며 말했다.

"그래서 저 백산 일대에서는 망치 소리가 끊일 새가 없다는구나. 몰려드는 사람들을 위해 군막을 계속 새로 쳐야 하니까."

그 옆에 망태를 멘 아저씨도 흰 깃발을 쳐들며 목소리를

* **서면 백산, 앉으면 죽산**
전라도 고부에 있는 백산은 동학 농민 혁명 때 각 지역 농민군들이 모여 '동학 농민군'을 대대적으로 결성한 곳으로 알려져 있다. 높이 47미터의 얕은 산이지만 주변이 평야 지대라서 부안, 정읍, 태인 등 사방이 한눈에 들어오는 천연의 요새다. 동학군은 주로 백산에서 군사 훈련을 했는데, 흰옷을 입은 농민들이 서 있으면 산이 하얗게 뒤덮이고(백산), 앉으면 죽창의 푸른 대나무만 보인다(죽산)고 하여 "서면 백산, 앉으면 죽산"이라는 말이 나왔다.

높였다.

"무장에서 기포*하여 저 백산에 우리 농민군이 모였을 때, 백산 주변까지 온통 흰옷으로 하얗게 물들었지. 봉우리에는 보국안민 깃발이 펄럭이고, 온 들판이 죽창을 들고 두 눈을 부릅뜬 농민군의 함성으로 뒤덮였단다. 한마디로 조선 땅이 백산을 중심으로 흔들흔들했지!"

그러자 함께 걷던 아저씨들이 와하하 웃음을 터뜨렸다.

아저씨들 말에 따르면, 농민군이 백산에서 한양으로 진군하자 백성의 피와 땀을 쥐어짜던 관리들이며 양반들이 양식을 싸 들고 산과 바다로 달아났다고 한다. 농민군이 전주성을 점령했을 때는 이미 한양이 텅 빌 지경이었다는

---

* 기포

동학 조직인 '포'가 봉기했다는 말로, '혁명'을 뜻한다. 포는 전국에 19개가 있었고, 포 밑에는 동학의 기본 조직인 '접'이 몇 개씩 있었다. 따라서 포가 일어났다는 것은, 전국적으로 봉기가 일어났음을 뜻한다. 그전까지의 농민 봉기는 군이나 현처럼 작은 단위에서 일어나, 관군이 파견되면 쉽게 진압되었다. 그러나 동학은 군현을 뛰어넘는 '포'라는 큰 조직이 일으킨 봉기였기 때문에 관군에게 쉽게 진압되지 않고 전국적으로 확산될 수 있었다.

것이다.

준호와 민호와 수진은 끝없이 이어지는 행렬을 보며 자신들도 마치 농민군이 된 것처럼 가슴이 벅찼다.

행렬의 선두 쪽에서 깃발이 휘날리며 노랫소리가 퍼지기 시작했다. 해는 서산머리로 빠르게 기울었고, 들판에는 저녁 빛이 드리워졌다.

노래는 머리에 흰 수건을 매고 지게나 달구지로 곡식 섬을 나르는 사람, 어깨에 활을 멘 사람, 죽창이며 농기구를 든 사람, 장태와 솥단지를 진 사람, 색색의 깃발을 높이 쳐들고 가는 사람들 속으로 물결처럼 밀려와 모두의 가슴을 뜨겁게 적셨다.

"가보세* 가보세, 을미적 을미적, 병신 되면 못 간다."

---

* **가보세**
동학 농민 혁명 당시 농민군들이 즐겨 부른 노래이다. 갑오세(1894년, 갑오년)에 일어난 동학 농민 혁명이 을미(1895년, 을미년)적거리다가는 병신(1896년, 병신년)이 되면 실패하니, 모든 민중이 들고 일어나 혁명을 미루지 말고 반드시 성공시켜야 한다는 의미다.

노래는 어딘가 슬펐지만 힘찼다.

함께 걷던 농민군 아저씨들이 순박하게 말했다.

"대장님과 함께면 걱정 없어. 우리 농민군이 다 같이 뭉치면 두려울 게 없지. 이 죽창과 장태*만으로도 능히 왜놈들의 신식 총과 대포를 당해 낼 수 있을 거야."

"아무렴! 죽음도 우리 동학 농민군을 피해 갈 걸세!"

농민군의 사기는 그야말로 하늘을 찌를 듯했다. 하지만 준호는 어쩐지 마음이 무거웠다.

삼국 통일 전쟁에서 백제와 신라가 싸울 때도 병사들은 갑옷으로 무장하고 말까지 철제 갑옷을 입혔다. 그런데 허름한 무명옷이나 삼베옷을 입고, 무기라고는 대나무로

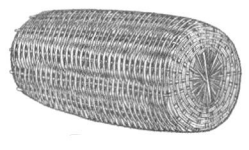
▲ 장태

* 죽창과 장태
죽창은 대나무로 만든 창으로, 농민들이 봉기 때 주로 사용했다. 장태는 원래 대나무로 얽어 만든 닭장인데 동학 농민군은 가로 6미터, 세로 2미터 크기로 만든 장태에 볏짚을 채워 총알을 막고 몸을 숨겼다. 칼을 꽂고 바퀴를 달아서 적을 향해 굴리며 공격하기도 했다.

만든 죽창이 전부인 농민군이 신식 총과 대포로 무장한 일본군에 맞서 이길 수 있을까?

동학 농민군의 비장한 노랫소리 속에서 준호는 목이 메었다.

문득 이 농민들이 나라를 다스리게 되었다면 어떻게 되었을까 하는 생각이 들었다.

우리는 어떤 나라를 물려받았을까? 바우 아저씨처럼 생각이 바르고 공정한 사람들이 나라를 다스렸다면? 그랬다면 우리 역사는 어떻게 되었을까? 어쩌면 저 끔찍했던 일본의 강제 지배를 받지 않아도 되지 않았을까?

민호와 수진은 앞서거니 뒤서거니 하며 농민군의 당당한 행렬을 따라갔다. 아저씨들은 양반의 아이와 노비의 아이가 스스럼없이 함께 다니는 것을 신기한 듯 바라보며 귀여워해 주었다.

그때 준호의 배낭에서 두루마리가 꿈틀했다. 이제 떠나야 할 때가 온 것이다.

준호는 마음속으로 농민군 아저씨들이 무사하기를 빌며 수진과 민호에게 손을 흔들어 신호를 보냈다. 아이들은 끝없이 이어지는 하얀 행렬에서 슬그머니 빠져나와 벅찬 눈으로 사람들을 바라보았다.

붉은 노을빛이 흰옷의 행렬 위로 슬프도록 눈부시게 물들 무렵, 허공으로 떠오른 두루마리가 마치 그 세계를 가르듯 푸른빛을 내뿜더니 사라졌다. 언제까지나 그곳에 머물고 싶었던 세 아이와 함께.

9. 이게 왜 여기 있지?

지하실로 돌아온 아이들은 한동안 숨을 몰아쉬며 벅찬 마음을 달랬다.

"농민군이 잘됐으면 좋겠다. 꼭 일본군을 물리쳤으면 좋겠어!"

민호가 힘차게 말했지만, 준호의 마음은 무거웠다.

"농민군들이 잘 싸울 수 있을까? 갑옷도 없고, 제대로 된 무기도 없는데……."

"그러게 말이야. 전쟁에서 불리할 것 같아. 아저씨들이 다치지 않아야 할 텐데……."

수진은 양반집 아가씨라며, 어린아이인 자신의 이름도

잘 못 부르던 아저씨들 생각에 마음이 아팠다.

"나한테 '수진아, 수진아.' 하고 부르면서 어찌나 좋아하시던지……."

다 큰 어른들이 자기처럼 어린 아이한테 이름도 제대로 부를 수 없었던 조선 시대는 도대체 어떤 곳이었을까? 만약 자신이 그런 곳에 태어났다면 어땠을까? 아마 화가 나서 병이 나지 않았을까?

'너무너무 억울했을 거야.' 하고 수진은 생각했다.

"야, 너 오늘 완전 인기 짱이던데?"

민호가 놀리듯이 말하자, 수진은 다시 명랑한 수진으로 돌아왔다.

"헤헤, 다 모시옷 덕분이지. 그런데 민호 너, 나한테 아가씨라고 안 하더라?"

수진이 따지자 민호가 눈을 흘기며 말했다.

"그렇게 양반집 아가씨 대접을 받고 싶냐?"

수진이 고개를 저었다.

"아니. 아까 할머니가 옷으로 꽃신을 닦을 때, 기분이 되게 이상했어. 슬프고, 가슴이 막 아팠어."

준호도 착잡한 얼굴로 말했다.

"옛날에는 아무리 어려도 양반은 높은 사람이고, 노비는 천한 사람이었으니까."

수진은 어이가 없었다.

"진짜 말도 안 돼! 양반의 옷차림을 했다고 처음 보는 어린 여자애한테 무조건 아가씨, 아가씨 하면서 존댓말을 해야 하다니!"

민호 마음이 바로 그거였다.

"그러니까 말이야! 어떻게 내가 너한테 굽실거리면서 아씨라고 하느냐고. 너랑 나랑 동갑인데! 그래서 농민군이 들고 일어난 거잖아! 맞지, 형?"

준호가 고개를 끄덕였다.

"그래. '사람이 하늘이다. 모두가 하늘처럼 똑같이 귀한 사람이다.'가 동학 정신이야."

수진은 그 말을 가만히 곱씹어 보았다.

사람이 하늘이다.

그래, 사람은 모두 다 하늘처럼 귀한 거야.

민호는 왜소한 몸집의 녹두 장군이 천둥 같은 목소리로 외치던 모습이 너무나 인상 깊었다.

"녹두 장군, 너무 용감하지 않아? 화살이 날아와도 눈 하나 깜짝하지 않고! 난 녹두 장군처럼 용감한 사람이 될 거야!"

그러자 수진이 "아!" 하고 손뼉을 쳤다.

"생각났어! 학교에서 배운 노래. '새야 새야 파랑새야*, 녹두꽃에 앉지 마라.' 하는 노래 말이야. 거기서 녹두꽃이

*** 새야 새야 파랑새야**
동학 농민 혁명의 실패를 안타까워하며 백성들이 불렀던 노래. 본래는 밭의 곡식을 쪼아 먹는 새를 쫓아내려고 부르던 노래였다. 동학 농민 혁명을 이끌던 전봉준이 뜻을 다 펴지 못하고 잡혀가서 죽은 것과 새로운 세상을 세우려 했던 동학 농민 혁명이 실패로 돌아간 것을 원통해하고 슬퍼하는 마음이 담겨 있다. 지역마다 가사와 곡조는 조금씩 다르지만, 입에서 입으로 전해져 오늘날까지 불린다.

녹두 장군을 뜻한다고 했어."

그러고 보니 민호도 기억났다.

"아, 맞다. 그런 노래 배웠지. 그런데 왜 '녹두꽃이 떨어지면'이라고 했을까? 녹두꽃이 떨어진다는 건 녹두 장군이 죽는다는 건가?"

준호도 어렴풋이 그런 이야기를 들은 것 같았다.

"아마 녹두 장군이 죽은 뒤에 불렸던 노래 같아."

수진의 얼굴이 어두워졌다.

"어쩐지 노래가 슬프더라."

준호는 애써 이야기를 피하며 두루마리를 찾았다. 다시 잘 말아서 이미 풀어 본 두루마리들 속에 놓아두려고 눈을 크게 뜨고 두리번거렸다.

그런데 준호가 책장 밑에서 두루마리를 발견하고 집어 드는 순간, 종이 한 장이 팔랑 떨어졌다.

"어? 이게 뭐지?"

민호가 종이를 집어서 들여다보았다. 다음 순간 귀청이

떨어질 듯한 소리가 났다.

"앗! 이건 아까 형이 썼던 쪽지잖아!"

아이들은 모두 눈이 휘둥그레졌다.

과거에서 할아버지한테 남긴 쪽지가, 왜 지하실에 있는 걸까?

수진이 억울하다는 듯 말했다.

"아까 분명히 감나무에다 잘 꽂아 두었는데……. 바람이 불어도 날아가지 않게, 가지가 갈라진 틈새에다 꼭꼭 끼워 두었단 말이야."

준호는 눈을 크게 뜨고 쪽지를 다시 들여다보았다. 자신이 과거에서 쓴 쪽지가 틀림없었다.

감나무에 꽂아 두었다는 수진의 말이 사실이라면, 어째서 과거에 있어야 할 쪽지가 지하실에 있는 것일까?

아이들은 허탈한 마음에 다들 그 자리에 털썩 주저앉았다. 뭔가에 홀린 듯한 기분이었다.

지하실 바닥에는 농민군의 흰옷처럼 하얀 쪽지가 무심

하게 놓여 있었다.

　아이들은 멍한 눈으로 그 야속한 쪽지를 뚫어지게 바라보았다. '어째서 거기에 있는 거야' 하고 쪽지에게 따지기라도 하듯이.

과거 여행을 다녀온 뒤. 역사 박사 준호는 도서관과 아빠의 서재를 들락거리며 동학 농민 혁명 연구에 몰두했다. 준호는 무엇을 알아냈을까?

동학 농민 혁명은 왜 일어났을까?

조선 후기에 서구 제국주의 강대국들이 동아시아로 밀려들어 식민지를 확보하려고 날뛰는 가운데 일본도 조선 침략에 대한 야욕을 불태웠다. 이 때문에 사회가 더욱 불안해졌다. 당시 조선은 세도 정치로 나라의 기강이 무너져 탐관오리가 판을 치고 있었다. 또 나라의 세금을 대부분 농민들에게 지

우고 있었는데, 부패한 관리들이 제 뱃속을 채우느라 농민들에게 더 많은 세금을 뜯어냈다(삼정의 문란).

신분 차별로 양반들은 부와 벼슬을 독차지하고도 세금을 거의 내지 않았지만, 농민들은 세금을 내기 위해 이자가 비싼 빚을 져야 했고 해마다 늘어나는 빚과 밀린 세금 때문에 땅을 잃거나 노비가 되기도 했다. 견디다 못한 농민들은 결국 곳곳에서 봉기를 일으켰고, 1894년에는 모든 백성이 사람답게 살 수 있는 세상을 이루려는 동학 농민 혁명이 일어났다.

백성이 나라의 주인임을 일깨운 동학

동학은 부패한 관리와 부당한 신분 제도로 고통받는 백성들을 구하기 위해 최제우가 1860년에 창시한 종교이다. '사람이 곧 하늘'이라는 인내천 사상에 따라 양반과 노비, 남자와 여자, 어른과 어린이가 다 귀하고 평등하다고 보았다. 또 '낡은 세상이 가고 새 세상이 온다'고 주장했다.

양반 중심의 신분 차별 사회에서 '모두가 평등하다'는 동학의 사상은 양반들에게 차별받고 무시당하던 백성들에게 자유와 평등 의식을 심어 주었다. 백성들의 깨우침을 두려워한 양반들은 최제우가 사악한 종교를 만들어 나라를 어지럽힌다며 동학이 창시된 지 4년 만에 최제우를 처형하고 동학을 말살시키려 했다. 그러나 모든 사람이 귀하고 평등하다는 동학 사상은 백성들 사이에 뜨겁게 퍼져 나갔다.

동학을 창시한 최제우

가혹한 탄압에도 백성들은 목숨을 걸고 동학을 따랐고 마침내 동학 농민 혁명의 길로 나아갔다. 모두가 평등하고 귀하다는 동학의 가르침을 따라 동학 농민군은 관군과 싸울 때도 사람과 짐승을 함부로 죽이지 않고 힘없는 백성들을 보살폈다.

동학 농민 혁명은 어떻게 전국으로 퍼져 갔을까?

동학 농민군이 들고일어나자 이제껏 양반과 관리들에게 천대받고 수탈당하던 백성들이 합세하여 그 수가 삽시간에 불어났다. 조정에서는 관군을 보내 농민군을 진압하려 했지만, 평등한 세상을 바라는 농민군의 사기는 하늘을 찔렀다. 비록 무기는 관군에 비해 보잘것없었지만 지역의 지리에 밝았던 농민군은, 지형을 이용한 전술로 황토현과 황룡촌에서 잇달아 관군을 물리치고 전라도의 중심인 전주성을 점령했다.

〈전주성 입성〉 박홍규 화가의 2012년 작품. 전주성을 점령하고 벅찬 함성을 지르는 동학 농민군의 모습이 나타나 있다. 관군이 겁을 먹고 달아나면서 동학 농민군은 피 흘리지 않고 전주성을 손에 넣었다.

동학 농민 혁명의 전개 과정

고부 군수 조병갑의 횡포
전라도 고부 군수 조병갑은 온갖 부정을 저지르며 농민들을 괴롭혔다. 분노한 농민들은 1894년 1월 동학 접주들을 중심으로 똘똘 뭉쳐 고부 관아로 쳐들어가 옥에 갇힌 사람들을 풀어 주고, 부당하게 거둔 곡식을 백성들에게 나누어 주었다.

무장에서 다시 일어난 농민들
농민들의 기세에 놀란 조정은 억울함을 풀어 주겠다고 약속했지만, 오히려 농민들을 마구 때리고 잡아 가두고 집을 불태웠다. 이에 농민들은 3월에 무장에서 다시 들고 일어났다. 백산에서 총집결한 농민군은 전국에 총궐기를 호소하는 격문을 띄운 뒤, 한양으로 진군하기 시작했다.

황토현에서 죽창으로 관군을 무찌르다
동학 농민군은 4월, 고부의 황토현에서 관군과 처음으로 맞서 싸워 승리했다. 농민군의 무기는 죽창과 장태와 낡은 화승총뿐이었지만, 총칼과 대포로 무장한 관군을 크게 물리쳤다. 농민군은 단결이 잘되고 규율도 엄했지만, 관군은 억지로 끌려온 군사들이 많아 싸우기도 전에 도망치곤 했다.

백성들의 억울함을 풀어 주다
동학 농민군은 태인, 부안, 정읍 등 20여 군현의 관아를 점령하고 농민들의 억울함을 풀어 주었다. 덕분에 동학 농민 혁명은 백성들의 뜨거운 지지를 얻으며 전국으로 퍼져 나갔다.

외세의 간섭을 막고 농민 자치를 얻은 전주 화약
동학 농민군이 전라도의 중심인 전주성을 점령하자, 조정에서는 청나라에 군대를 보내 달라고 요청했다. 청나라 군이 조선에 들어오고 일본군까지 조선에 들어오자, 전봉준은 두 나라 군대를 돌려보내기 위해 전라 관찰사 김학진과 화약을 맺었다. 이어 전라도의 거의 모든 관청에 '집강소'를 설치하여 농민 자치를 실시했다.

 녹두 장군 전봉준

전봉준은 '사람은 모두 평등하다'는 믿음으로 평등하고 자주적인 나라를 만들기 위해 혁명에 나섰다. 혁명 초기에 농민군의 4대 강령을 만들어 혁명 정신을 널리 알리고 군대를 정비했으며, 지혜로운 전략 전술과 한반도의 정세를 읽는 판단력으로 농민들의 절대적인 믿음과 지지를 얻었다. 관군의 진지로 직접 들어가 전라 관찰사와 담판을 지을 만큼 배짱이 두둑했으며, 회담을 통해 전주성에서 동학 농민군을 철수시키는 대신 전라도의 모든 군현에 농민 자치 기구인 집강소를 두겠다는 약속(전주 화약)을 받아내 농민들 스스로 민주적인 의사 결정을 통해 고을을 다스릴 수 있게 했다.

그러나 전봉준의 꿈은 조선 조정을 앞세운 일본군의 잔인한 진압에 꺾이고 말았다. 1894년 겨울 우금치 전투에서 패한 전봉준은 일본군에 붙잡혀 호송되는 중에도 호통을 치며 끝까지 기개를 꺾지 않았다.

동학 농민 혁명을 이끈 사람들

김개남
가장 급진적인 동학 농민군 지도자로, '남쪽 세상을 연다'는 뜻으로 이름도 '개남(開南)'으로 바꾸었다. 남원을 중심으로 무주, 임실, 진안 등에서 당시 가장 천대받던 노비와 백정 등으로 이루어진 부대를 거느렸다. 이 부대는 동학 농민 혁명 당시 가장 용맹한 부대였다.

손화중
전라도 최대 동학교구의 지도자로, 인품이 온화하고 설득력이 뛰어나 많은 사람들이 따랐다. 전봉준과 손병희가 이끄는 동학 농민군이 우금치 전투에서 패하자, 손화중은 남쪽으로 내려오는 일본군에 맞서 싸웠으나 무기의 열세로 패하여 동지들과 함께 사형당했다. 당시 동학 지도자들의 재판에 함께 참여한 한양 주재 일본 영사가 사형 판결을 주도하자, 손화중은 "내 백성을 위해서 힘을 다하였는데, 사형을 당할 이유가 있는가!" 하고 외쳤다.

최시형
최제우의 뒤를 이은 동학의 두 번째 교주. 동학의 사상과 조직을 체계화했고, 최제우가 처형당한 뒤 30년 이상 숨어 다니며 동학을 널리 알렸다. 그가 고생하는 것을 고마워하고 애달파한 사람들이 '최보따리'라고 부르며 사랑과 존경을 바쳤다. 새로운 종교의 힘으로 세상을 바꾸고자 했던 최시형은 1894년 9월 동학 농민군이 일본군을 몰아내기 위해 다시 봉기했을 때 전봉준과 함께 싸움에 나섰다. 고부 봉기 때 쫓겨난 군수 조병갑이 버젓이 판사로 참여한 재판에서 교수형을 선고받고 사형당했다.

이소사
동학 농민 혁명의 여성 지도자. 동학 농민 혁명의 마지막 전투(장흥 석대들 전투)에서 말을 타고 동학 농민군을 이끈 선봉장이었다. '소사'란 옛날 결혼한 여자에게 붙이던 호칭으로, 동학의 평등사상이 여성들에게 어떤 영향을 미쳤는지 알 수 있다. 석대들 전투에서 동학 농민군이 패배하고 나주 관아로 끌려가 모진 고문을 당한 끝에 22세의 젊은 나이로 죽었다.

〈불멸, 바람길〉 전봉준 장군과 동학 농민군의 모습을 표현한 조형물로, 황토현 전적지의 동학농민혁명 기념공원에 있다.

동학 농민군이 다스린 세상

　동학 농민군은 전주 화약에 따라 전라도의 50여 개 군현에 집강소를 설치하고, 스스로 법과 규칙을 세워 고을을 다스렸다. 오랜 옛날부터 있던 농촌 공동체 조직인 두레를 바탕으로 만들어진 집강소는 총책임자인 집강과 지역 대표 10여 명이 모든 일을 의논하여 결정하는 등 민주적으로 고을을 다스렸다.

행정부

집강 집강소의 총책임자.
서리 집강의 비서. 각종 문서와 장부 처리를 맡았다.
성찰 농민군 경찰. 치안을 돌보고 탐관오리, 못된 양반, 불량배들을 조사하거나 체포했다.
집사 민원 담당. 농민들의 억울한 사정을 접수하고, 고리대와 노비 제도 폐지 등 잘못된 법과 제도를 바로잡는 일을 널리 알렸다.
동몽 청소년 행정 보조원. 각 집강소 사이의 연락을 담당하고, 집강소의 간부를 따라다니며 심부름을 했다.

집강소는 농민들을 괴롭히던 악덕 지주와 부패한 관리들의 죄를 밝히고, 농민들의 빚을 덜어 주거나 부당한 소작료를 바로잡았으며, 억울하게 노비가 된 사람들을 풀어주기도 했다. 농민들이 농사지을 땅을 소유할 수 있도록 토지 제도를 고치고 노비와 천민, 여성과 어린이가 차별받지 않도록 양반 중심의 신분 제도도 바꾸려고 노력했다. 또 일본에 맞서 나라를 지키기 위해 동학 농민군이 다시 일어났을 때 농민군을 모으는 역할도 했다.

의사부

의사원 지역 대표들과 집강이 모여 고을의 일을 보던 곳. 모든 것을 의논하여 결정했기 때문에 농민들의 뜻이 두루 받아들여질 수 있었다. 농촌 공동체 조직인 두레에서 민주적으로 의사를 결정하던 전통을 이어받은 것으로, 오늘날 의회의 모습을 엿볼 수 있다.

군대

호위군 집강소를 지키는 무장 부대로 매우 용맹했다. 집강소에서는 호위군뿐 아니라 농민군도 모집하여 일본의 침략에 대비했다.

동학 농민 혁명은 우리 역사에 무엇을 남겼을까?

동학 농민군은 우리나라 최초의 농민 자치 기구인 집강소를 설치하여 '농민의, 농민에 의한, 농민을 위한 민주주의'를 이루었다. 농민들은 집강소를 통해 스스로 고을을 다스리며 낡은 제도를 없애거나 바꾸고, 자신들에게 필요한 새로운 법과 제도를 마련해 나갔다.

이후 동학 농민군은 조선을 강제 점령하려는 일본군에 맞서 싸우다가 크게 패하며 혁명의 막을 내렸다. 하지만 갑오개혁의 신분 제도 폐지, 과부 재혼 금지 철폐 등을 이끌어 냈다. 또 양반과 천민, 남자와 여자, 어른과 어린이, 부자와 가난한 사람이 모두 사람답게 사는 평등한 세상을 만들고자 했던 동학 농민 혁명의 정신은 신분 차별에 억눌려 있던 백성들에게 평등 의식과 민주주의, 민족 자주 의식을 일깨우며 이후 민족 민주 운동의 거대한 뿌리가 되었다.

갑오개혁

동학 농민 혁명의 영향으로 1894년부터 1896년까지 신분 차별을 없애는 등의 근대화 정책을 담은 갑오개혁이 실시되었다. 하지만 갑오개혁은 일본의 지원을 받는 개화파가 주도한 것으로, 조선을 침략하려는 외세에 맞서 조선 백성 스스로 민주주의를 추진하고 사회를 바꾸는 것과는 거리가 멀었다. 오히려 일본은 갑오개혁을 계기로 조선의 정치에 더욱 노골적으로 개입했다.

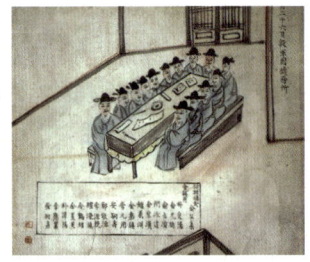

갑오개혁의 중심 역할을 한 군국기무처

외세의 침략에 맨몸으로 맞선 동학 농민군

전주 화약 이후 해산했던 농민군은, 군대를 철수하라는 조선 정부의 요구를 무시하고 경복궁을 점령한 일본이 친일 정부를 세우자 다시 일어났다. 1894년 겨울, 동학 농민군은 공주 우금치에서 전봉준과 손병희의 지휘 아래 일본군, 조선 관군 연합군과 크게 맞붙었다.

농민군은 전투에 앞서 관군에게 "총부리를 왜놈들에게 겨누어라. 왜 동족을 죽이느냐!" 하고 외쳤지만, 일본군의 앞잡이가 된 관군은 자기 백성인 동학 농민군에게 총부리를 들이댔다.

추운 겨울날 짚신에 삼베옷을 입고 죽창으로 싸웠던 농민군은 가죽신과 방한복에 기관총과 대포 등 최신 무기로 무장한 일본군과 관군에게 패하고 말았다. 당시 일본은 조선 침략의 가장 큰 걸림돌이던 동학의 씨를 말리기 위해 30여 만 명을 학살했다고 한다.

동학 농민군이 우금치에서 처절하게 패배한 이후 조선은 1905년에 강제로 을사늑약을 맺고 일본에 외교권을 박탈당했으며, 1910년 한일 강제 병합 조약으로 나라마저 빼앗기고 말았다.

〈**우금치**〉 박홍규 화가의 2014년 작품. 우금치 전투 때 동학 농민군은 기관총과 대포로 무장하고 고개 위에서 기다리는 일본군과 조선 관군 연합군에 맞서 구식 화승총과 죽창을 들고 눈 쌓인 산비탈을 올라가야 했다. 눈길에 미끄러지고 적의 총탄에 쓰러지면서도 희망을 잃지 않고 주먹밥을 나누어 먹으며 다음 전투를 준비하는 동학 농민군의 모습이 표현되어 있다.

사진 자료 제공

23p **모시** 국립민속박물관

48p **판소리** 국립중앙박물관

50p **사발통문** 동학농민혁명재단

53p **노비매매문서** 국립중앙박물관

69p **선화당** 위키백과, 올리브 가지

104p **두레** 국립민속박물관

116p **백산** 한국학중앙연구원

134p 〈**전주성 입성**〉 ⓒ박홍규

137p 〈**불멸, 바람길**〉 정읍시청

140p **군국기무처** 한국민족문화대백과사전

141p 〈**우금치**〉 ⓒ박홍규

※ 오랫동안 동학 농민 혁명을 기리고 기록하기 위해 애써 오신 박홍규 화가님께 감사드립니다.

마법의 두루마리 17
동학 농민군 대장 전봉준

ⓒ 강무홍, 김종범, 2025

1판 1쇄 펴낸날 2025년 10월 27일
글 강무홍 **그림** 김종범 **감수** 김양식
편집 우순교 **디자인** 박정아
펴낸이 강무홍 **펴낸곳** 햇살과나무꾼
등록 2009년 07월 08일(제313-2004-54)
주소 서울시 영등포구 당산로54길 11 상가 305호
전화 02-324-9704
전자우편 namukun@namukun.com
ISBN 979-11-993393-4-7(73810)

* 신저작권법에 따라 한국 내에서 보호를 받는 저작물이므로 무단 전재와 무단 복제를 금합니다.